ANÓNIMO

EL LIBRO DE ENOC

EDICIÓN ILUSTRADA

CONOCIMIENTO ANCESTRAL

aquari

Obra editada en colaboración con Editorial Planeta – Perú

Bajo el sello editorial AQUARI M.R.
Avenida Presidente Masarik núm. 111,
Piso 2, Polanco V Sección, Miguel Hidalgo
C.P. 11560, Ciudad de México
www.planetadelibros.com.mx

Diseño de portada e interiores: Departamento de Diseño de Ediciones Aquari
Sobre la traducción: Adaptación y actualización por Editorial Planeta Perú
Corrección de estilo: Frida Béjar Baca

Primera edición impresa en Perú: septiembre de 2022
ISBN: 978-612-5083-05-0

Primera edición impresa en México: noviembre de 2022
Primera reimpresión en México: noviembre de 2023
ISBN: 978-607-07-9502-2

Impreso en los talleres de Impregráfica Digital, S.A. de C.V.
Av. Coyoacán 100-D, Valle Norte, Benito Juárez
Ciudad De Mexico, C.P. 03103
Impreso en México –*Printed in Mexico*

ÍNDICE

SIGLOS III-I a. C.

Adaptación basada en la traducción al inglés
de Robert Henry Charles, 1917*

* Los textos de esta edición están adaptados de la traducción realizada por Robert Henry Charles. Los apartados y versículos entre [] probablemente no formen parte del texto original pero se encuentran en muchas versiones de este título. Los agregados entre () han sido propuestos por esta editorial para una mejor fluidez en la lectura, pero el lector puede omitirlos si considera necesario.

INTRODUCCIÓN

(I-V)

I. Predicción del juicio final

Las palabras de bendición de Enoc, con las cuales bendijo a los elegidos y a los justos, que vivirán en el día de la tribulación, cuando todos los malos e impíos serán rechazados (y los justos serán salvados).

Retomó Enoc su parábola y dijo: «Un hombre justo, cuyos ojos fueron abiertos por Dios, vio la visión del Santo en los Cielos, que los ángeles me mostraron, y de ellos oí y entendí todo, pero el mensaje no fue para esta generación, sino para una remota que es la venidera.

Es por estos elegidos que retomé mi parábola acerca de ellos: el Santo Grande saldrá de su morada y el Dios eterno pisará la Tierra, (incluso) en el monte Sinaí, (y aparecerá en medio de su ejército, y la fuerza de su poder aparecerá desde lo alto de los Cielos).

Y todos se atemorizarán, serán heridos de miedo y los vigilantes temblarán, y el gran temor y temblor se apoderará de ellos hasta los confines de la Tierra.

Y los altos montes serán sacudidos y abatidos, y se derretirán como cera ante la llama.

Y la Tierra se rasgará por completo, y todo lo que hay sobre ella perecerá, y habrá un juicio sobre todos (los hombres).

Pero con los justos se hará la paz, y se protegerá a los elegidos, y la misericordia será sobre ellos. Y todos ellos serán de Dios, y serán prósperos y serán bendecidos. Y Dios los ayudará a todos, y la luz se les aparecerá, y [Dios] hará la paz con ellos. ¡Y he aquí! Él viene con miles de sus santos para ejecutar su juicio sobre todos y destruir a todos los impíos, y para convencer a toda carne de todas las cosas que cometieron contra los pecadores impíos y contra Él».

II. El orden de la creación

Observad todo lo que tiene lugar en el Cielo, cómo no cambian sus órbitas y las luminarias que están en el Cielo, cómo salen y se ponen en orden cada una en su estación, y no transgredáis contra su designada ordenar. Mirad la Tierra y prestad atención a las cosas que suceden en ella desde el principio hasta el fin, cuán firmes son, cómo ninguna de las cosas sobre la Tierra cambia, sino que todas las obras de Dios se os aparecen. Mirad el verano y el invierno, cómo toda la Tierra se llena de agua, y sobre ella caen nubes, rocío y lluvia.

III. Las diversas clases de árboles

Observar y ver cómo (en el invierno) todos los árboles parecen como si se hubieran marchitado y arrojado todas sus hojas; excepto catorce árboles que no pierden su follaje y conservan sus hojas viejas desde hace dos a tres años hasta el final.

IV. El calor

Y otra vez, observad los días de verano y ver cómo el sol está frente a la Tierra. Y buscáis sombra y abrigo a causa del calor del sol, y la Tierra también arde a causa del creciente calor, y por eso no podéis pisar la Tierra ni estar sobre una roca a causa de su calor.

V. El desorden y el castigo de los pecadores

Mirad cómo los árboles se cubren de hojas verdes y dan fruto: por tanto, prestad atención [y conoced] acerca de todas [sus obras], y reconoced cómo El que Vive para Siempre hace estas cosas para nosotros.

Y [todas] sus obras continúan [así], de año en año para siempre, y todas las tareas [que] realizan para Él no cambian, sino que están hechas de acuerdo a como [Dios] ha ordenado.

Y mirad cómo el mar y los ríos cumplen igualmente y [no cambian] sus tareas.

Mas vosotros no habéis sido firmes ni habéis cumplido los mandamientos del Señor, pero vosotros os habéis apartado y hablado palabras soberbias y duras con vuestras bocas impuras contra su grandeza.

¡Oh!, vosotros los de corazón duro, no encontraréis la paz.

Por tanto, maldeciréis vuestros días, y los años de tu vida perecerán, y [los años de vuestra destrucción] se multiplicarán en eterna execración de los justos y no hallaréis misericordia.

En aquellos días haréis de vuestros nombres una execración eterna para todos los justos, y por ti maldecirán a todos los pecadores [e impíos].

Y todo Él se regocijará, y habrá perdón de los pecados, misericordia, paz y paciencia. Habrá para ellos salvación y una hermosa luz.

Y para todos vosotros pecadores no habrá salvación y sobre todos ustedes caerá una maldición. Pero para los elegidos habrá luz, gozo y paz, y heredarán la Tierra.

Luego se otorgará a los elegidos sabiduría, y todos vivirán y no volverán a pecar, ya sea por impiedad o por orgullo, pero los sabios serán humildes.

No volverán a transgredir ni pecarán en todos los días de su vida ni morirán de (la divina) ira. Pero ellos completarán el número de los días de su vida, y en sus vidas se incrementarán la paz, y los años de su alegría se multiplicarán en eterna paz y alegría para todos los días de sus vidas.

SECCIÓN 1

EL LIBRO DE LOS VIGILANTES

(VI-XXXVI)

VI. Unión de los ángeles con las hijas de los hombres

Y sucedió que, cuando los hijos de los hombres se multiplicaron, les nacieron hijas hermosas y bonitas. Y los ángeles, los hijos del Cielo, las vieron y las desearon, y se dijeron los unos a los otros: «Venid, escojámonos esposas de entre los hijos de los hombres y engendremos hijos». Y Semjâzâ, que era su líder, les dijo: «Me temo que en verdad no aceptaréis hacer este acto, y yo solo tendré que pagar la pena de un gran pecado».

Y todos le respondieron y dijeron: «Hagamos todos un juramento y comprometámonos todos por imprecaciones mutuas a no abandonar este plan, sino a hacer este destino».

Entonces todos juntos juraron y se obligaron por imprecaciones mutuas sobre ello. Y fueron en total doscientos quienes descendieron [en los días] de Jared en la cumbre del monte Hermón, y lo llamaron monte Hermón porque sobre él juraron, se comprometieron por imprecaciones mutuas sobre él.

Estos son los nombres de sus líderes: Semjâzâ, su líder, Arâkîba, Râmêêl, Kôkabîêl, Tâmîêl, Râmîêl, Dânêl, êzêl, Barâqîjâl, Asael, Batjêl, Samsêl, Samsâpêêl, Saraqael, Ezêqêêl, Arâkîbal, Shamsiê. Estos son sus jefes de decenas.

VII. Nacimiento y fechorías de los gigantes

Y todos los demás juntamente con ellos tomaron sus mujeres, y cada uno escogió para sí una esposa, y comenzaron a entrar con ellas y a contaminarse con ellas, y les enseñaron encantos y encantamientos, y también a cortar raíces, y eso les hizo familiarizarse con las plantas.

Y quedaron embarazadas y dieron a luz a grandes gigantes, cuya altura era de tres mil codos.

Ellos consumieron todas las adquisiciones de los hombres, y cuando los hombres ya no pudieron sostenerlos, los gigantes se volvieron contra ellos y devoraron a la humanidad.

Y comenzaron a pecar contra las aves, las bestias, los reptiles y los peces, y a devorarse la carne unos a otros, y se bebieron la sangre. Entonces la Tierra puso acusación contra los inicuos.

VIII. La enseñanza de los ángeles malos a los hombres

Y Azâzêl enseñó a los hombres a hacer espadas, cuchillos, escudos y corazas, y les dio a conocer los metales de la Tierra y el arte de trabajarlos, y los brazaletes y los ornamentos, y el uso del antimonio y el embellecimiento de los párpados, y toda clase de piedras preciosas y toda tintura colorante.

Y se levantó mucha impiedad y cometieron fornicación, y fueron descarriados, y se corrompieron en todos sus caminos.

Semjâzâ enseñó encantamientos y cortes de raíces; Armârôs, a romper los encantamientos; Barâqîjâl (enseñó) astrología; Kôkabîêl, las constelaciones; Ezêqêêl, el conocimiento sobre las estrellas; Arâkîbal, los signos de la Tierra; Samsâpêêl, los signos del sol, y Sariêl, el curso de la luna. Y como los hombres perecieron, clamaron, y su clamor subió al Cielo...

IX. Intervención de los ángeles buenos

Y, entonces, Miguel, Uriel, Rafael y Gabriel miraron desde el Cielo y vieron mucha sangre derramada sobre la Tierra y toda la iniquidad que se estaba forjando sobre la Tierra.

Y se decían los unos a los otros: «La Tierra hecha sin habitantes alza su clamor hasta las puertas del Cielo.

Y ahora a vosotros, los santos del Cielo, las almas de los hombres hacen su pleito, diciendo: «Llevad nuestra causa ante el Altísimo».

Y dijeron al Señor de los Siglos: «Señor de señores, Dios de dioses, Rey de reyes, ¡ay, Dios de los siglos!, el trono de tu gloria [está] por todas las generaciones de los siglos, y ¡tu nombre santo y glorioso y bendito por todos los siglos!

Tú hiciste todas las cosas y tienes poder sobre esto, y todas las cosas están desnudas y abiertas a tus ojos, y todo lo ves y nada puede ocultarse de ti.

Tú ves lo que ha hecho Azâzêl, que ha enseñado toda injusticia en la Tierra y ha revelado los secretos eternos que estaban [preservados] en el Cielo y que los hombres se esforzaban por aprender.

Y Semjâzâ, a quien tú has dado autoridad para gobernar sobre sus compañeros, los ha instruido.

Y se han ido a las hijas de los hombres sobre la Tierra y se han acostado con las mujeres, y se han contaminado, y les han revelado toda clase de pecados.

Y las mujeres dieron a luz gigantes, y toda la Tierra se llenó de sangre e injusticia. Y ahora, he aquí, las almas de los que han muerto están llorando y haciendo su súplica a las puertas del Cielo, y sus lamentos han ascendido, y no pueden cesar a causa de los hechos inicuos que se realizan en la Tierra.

Y tú sabes todas las cosas antes de que sucedan, tú ves estas cosas y las sufres, y lo toleras [a los gigantes], y tú no nos dices lo que debemos hacer con ellas».

X. Dios ordena el diluvio y el castigo de los ángeles malos

Entonces, el Altísimo dijo, el Santo y Grande habló, y envió a Uriel al hijo de Lamec, y le dijo:

«(Ve a Noé) y dile en mi nombre: "¡Escóndete!" y revélenle el fin que se acerca, que toda la Tierra será destruida y que un diluvio vendrá sobre ella y destruirá todo lo que hay.

Y ahora instrúyelo para que pueda escapar y su descendencia sea preservada para todas las generaciones del mundo».

Y de nuevo el Señor dijo a Rafael: «Ata a Azâzêl de pies y manos, y arrójalo en la oscuridad, y abre el desierto que está en Dûdâêl, y arrójalo allí.

Y coloca sobre él rocas ásperas y dentadas, y cúbrelo con oscuridad y déjalo permanecer ahí para siempre, y cubre su rostro para que no vea la luz.

Y en el día del Gran Juicio será arrojado al fuego.

Luego sanad la Tierra que los ángeles han corrompido y proclamad la sanación de la Tierra para que ellos sanen la plaga y que todos los hijos de los hombres no se pierdan a causa de todas las cosas secretas que los Vigilantes han revelado y han enseñado a sus hijos.

Y toda la Tierra ha sido corrompida a través de las obras que fueron enseñadas por Azâzêl: a él se le ha atribuido todo pecado».

Y a Gabriel le dijo el Señor: «Procede contra los bastardos y los réprobos, y contra los hijos de la fornicación, y destruye [a los hijos de fornicación y] a los hijos de los Vigilantes de entre los hombres [y haz que salgan], envíalos uno contra el otro para que se destruyan unos a otros en la batalla porque muchos días no tendrán.

Y ninguna petición que ellos [es decir, sus padres] te hagan será concedida a sus padres en su nombre, porque esperan vivir una vida eterna y que cada uno de ellos viva quinientos años.

Y el Señor le dijo a Miguel: «Ve, ata a Semjâzâ y a sus asociados que se han unido con mujeres para contaminarse con ellas en toda su inmundicia.

Y cuando sus hijos se hayan matado los unos a los otros y hayan visto la destrucción de sus amados, átalos por setenta generaciones en los valles de la Tierra, hasta el día de su juicio y de su consumación, por los siglos de los siglos se consuma.

En aquellos días serán conducidos al abismo de fuego, al tormento y a la prisión en la que serán confinados para siempre.

Y cualquiera que sea condenado y destruido, desde entonces estará ligado con ellos hasta el final de todas las generaciones.

Y destruid todos los espíritus de los réprobos y los hijos de los Vigilantes, porque han agraviado a la humanidad.

Destruid todo mal de la faz de la Tierra y que toda obra mala llegue a su fin, y que aparezca la planta de la justicia y la verdad, y será una bendición; las obras de la justicia y la verdad serán plantadas en gozo para siempre.

Entonces escaparán todos los justos y vivirán hasta que engendren miles de hijos, y todos los días de su juventud y de su vejez. ¿Completarán en paz?

Y entonces toda la tierra será labrada en justicia, y todos serán plantados con árboles y estarán llenos de bendición.

Todos los árboles deseables serán plantados en ella, y plantarán vides y la vid que producirá vino en abundancia, y en cuanto a toda la semilla que sea sembrada en ella, cada medida [de ella] llevará mil, y cada medida de aceitunas dará diez lagares de aceite.

Y limpia la Tierra de toda opresión y de toda injusticia, y de todo pecado y de toda impiedad; y toda inmundicia que se ha hecho sobre la Tierra hazla desaparecer.

Que todos los hijos de los hombres se vuelvan justos y que todas las naciones ofrezcan adoración, y me alabarán y todos me adorarán.

Y la Tierra será limpiada de toda contaminación, de todo pecado, de todo castigo y de todo tormento, y nunca más los enviaré sobre ella de generación en generación y para siempre».

XI. Bendiciones divinas

Y en aquellos días abriré los tesoros de almacenamiento de bendición que están en el Cielo, para enviarlos [sobre la Tierra] sobre el trabajo y el trabajo de los hijos de los hombres.

Y la verdad y la paz estarán asociadas por todos los días del mundo y por todas las generaciones de los hombres.

XII. Asunción y misión de Enoc sobre los ángeles malos

Antes de estas cosas, Enoc estaba escondido y ninguno de los hijos de los hombres sabía dónde estaba ni dónde moraba ni qué había sido de él. Y sus actividades tenían que ver con los Vigilantes y con los Santos.

Y yo, Enoc, estaba bendiciendo al Señor de la majestad y al Rey de las edades, ¡y he aquí! los Vigilantes me llamaron —Enoc el escriba— y me dijeron: «Enoc, tú, escriba de justicia, ve, declara a los Vigilantes del Cielo que han dejado el alto Cielo, el santo lugar eterno, y se han contaminado con mujeres y han hecho como los hijos de la Tierra, y han tomado para sí esposas: «Habéis hecho gran destrucción en la Tierra:

Y no tendréis paz ni perdón de pecados.

Y porque ellos se deleitarán en sus hijos, verán el asesinato de sus amados, y sobre la destrucción de sus hijos ellos lamentarán, y harán súplicas hasta la eternidad, pero no tendrán misericordia ni paz».

XIII. Los ángeles caídos le piden a Enoc interceder por ellos

Y Enoc fue y dijo: «Azâzêl, no tendrás paz, una sentencia severa ha salido contra ti para ponerte en cadenas.

No tendrás tolerancia ni solicitud otorgada a ti, debido a la injusticia que has enseñado, y por todas las obras de impiedad e injusticia y pecado que has mostrado a los hombres.

Entonces fui y les hablé a todos juntos, y todos tenían miedo, y el miedo y el temblor se apoderaron de ellos. Y me rogaron que les hiciera una petición para que pudieran encontrar el perdón, y que leyera su petición en la presencia del Señor del Cielo. Porque desde entonces no pudieron hablar [con Él] ni alzar sus ojos al Cielo por la vergüenza de sus pecados, por los cuales habían sido condenados.

Luego escribí su petición, y la oración respecto a sus espíritus y obras individualmente, y con respecto a sus peticiones de que deberían tener perdón y largura.

Y fui y me senté junto a las aguas de Dan, en la tierra de Dan, al sur del oeste de Hermón: leí su petición hasta que me quedé dormido.

Y he aquí, vino a mí un sueño, y cayeron sobre mí visiones, y vi visiones de castigo, [y vino una voz mandándome] que le dijera a los hijos del Cielo y los sorprendiera.

Y cuando desperté, vine a ellos, y estaban todos sentados juntos, llorando en 'Abelsjâîl, que está entre el Líbano y Sênêsêr, con sus rostros cubiertos.

Y conté delante de ellos todas las visiones que había visto en sueños, y comencé a hablar las palabras de justicia, y a reprender a los Vigilantes Celestiales.

XIV. La misión de Enoc. El castigo de los ángeles malos y la maldición y el trono de Dios

Este libro es de las palabras de justicia y de la reprimenda de los Vigilantes eternos de acuerdo con el mandato del Santo, el Grande en esa visión.

Vi en mi sueño lo que ahora diré con una lengua de carne y con el aliento de mi boca, que el Grande ha dado a los hombres para conversar con ella y entender con el corazón.

Así como Él ha creado y dado al hombre el poder de entender la palabra de sabiduría, así también me ha creado a mí y me ha dado el poder de reprender a los Vigilantes, los Hijos del Cielo.

Escribí tu petición y en mi visión apareció así, que tu petición no te será concedida durante todos los días de la eternidad, y que finalmente se te ha dictado sentencia: [tu petición] no se os concederá. Y de aquí en adelante no subirás al Cielo por toda la eternidad, y [en ataduras] de la Tierra ha salido el decreto para atarte por todos los días del mundo.

Y anteriormente habrás visto la destrucción de tus amados hijos y no tendrás placer en ellos, sino que caerán delante de ti por la espada.

Y tu petición por ellos no será concedida, tampoco por ti mismo: aunque llores y ores, y hables todas las palabras contenidas en el Escrito que he escrito.

Y la visión me fue mostrada así: he aquí, en la visión las nubes me invitaron y una niebla me convocó, y el curso de las estrellas y los relámpagos se apresuró y me apresuró, y los vientos en la visión me hicieron volar y me levantaron, y me llevaron al Cielo.

Y entré hasta que me acerqué a una pared que está construida de cristales y rodeada de lenguas de fuego, y comenzó a asustarme.

Y entré en las lenguas de fuego y me acerqué a una casa grande que estaba construida de cristales: y las paredes de la casa eran como un piso de mosaico [hecho] de cristales, y su fundamento era de cristal.

Su techo era como el camino de las estrellas y los relámpagos, y entre ellos había querubines de fuego, y su cielo era [claro como el] agua.

Una llama de fuego rodeaba los muros, y sus portales resplandecían con fuego.

Y entré en esa casa, y estaba caliente como el fuego y fría como el hielo: no había en ella delicias de la vida; el miedo me cubrió y el temblor se apoderó de mí.

Y mientras temblaba y temblaba, caí sobre mi rostro.

Y tuve una visión, y ¡he aquí! Había una segunda casa, más

grande que la anterior, y todo el portal estaba abierto delante de mí, y estaba hecho de llamas de fuego. Y en todos los aspectos sobresalió tanto en esplendor y magnificencia y extensión que no puedo describirte su esplendor y su extensión.

Su piso era de fuego, y sobre él había relámpagos y el camino de las estrellas, y su techo era también llamas de fuego.

Y miré y vi en él un trono elevado, su apariencia era como de cristal, y sus ruedas, como el sol resplandeciente, y había una visión de querubines.

Por debajo del trono salían corrientes de llamas de fuego, de modo que yo no podía mirarlas.

Y la Gran Gloria se sentó sobre él, y su vestidura resplandeció más que el sol y era más blanca que cualquier nieve. Ninguno de los ángeles podía entrar y podía contemplar su rostro a causa de la magnificencia y la gloria, y ninguna carne podía contemplarlo.

El fuego llameante lo rodeaba, y un gran fuego estaba delante de Él, y nadie alrededor podía acercarse a Él: diez mil veces diez mil (estaban) delante de Él, pero no necesitaba consejero.

Y los santísimos que estaban cerca de Él no partieron de noche ni se apartaron. Y hasta entonces había estado postrado sobre mi rostro, temblando, y el Señor me llamó con su propia boca, y me dijo: «Ven acá, Enoc, y escucha mi palabra».

[Y vino a mí uno de los santos y me despertó] y me hizo levantarme y acercarme a la puerta, e incliné mi rostro hacia abajo.

XV. Dios encarga a Enoc presentar a los ángeles malos la grandeza de su falta

Y él respondió y me dijo, y oí su voz: «No temas, Enoc, hombre justo y escriba de justicia: acércate acá y escucha mi voz.

Y ve, di a [los Vigilantes del Cielo] que te han enviado a interceder por ellos: "Debes interceder por los hombres, y no los hombres por ti".

¿Por qué has dejado el alto, santo y eterno Cielo, y te acostaste con mujeres, y te contaminaste con las hijas de los hombres y tomaste para ti esposas, y te hiciste como los niños de la Tierra y engendraste gigantes como tus hijos?

Y siendo vosotros santos, espirituales, viviendo la vida eterna, os habéis contaminado con la sangre de mujeres y habéis engendrado [hijos] con la sangre de la carne, y, como hijos de los hombres, habéis codiciado la carne y sangre como [también] los que mueren y perecen.

Por eso también les he dado mujeres, para que las fecunden y engendren hijos de ellas, para que nada les falte en la Tierra.

Pero tú eras [anteriormente] espiritual, viviendo la vida eterna, e inmortal por todas las generaciones del mundo.

Por tanto, no os he designado esposas, pues en el Cielo está la morada de los espíritus del Cielo.

Y ahora, los gigantes, que son producidos de los espíritus y la carne, serán llamados espíritus malignos en la Tierra, y en la Tierra será su morada.

De sus cuerpos han salido espíritus malignos porque nacen de los hombres, [y] de los santos Vigilantes es su principio y origen primigenio; [serán espíritus malignos en la Tierra, y] así serán llamados.

[En cuanto a los espíritus del Cielo, en el Cielo será su morada, pero en cuanto a los espíritus de la Tierra que nacieron sobre la Tierra, en la Tierra será su morada].

Y los espíritus de los gigantes, los Nephilim, oprimen, destruyen, atacan, pelean y hacen destrucción en la Tierra, y causan problemas, no comen, [sin embargo, tienen hambre] y sed, y causan tropiezos.

Y estos espíritus se levantarán contra los hijos de los hombres y contra las mujeres, porque de ellos procedieron».

XVI. Los guardianes serán castigados por comunicar a los hombres un gran secreto

Desde los días de la matanza y destrucción y muerte [de los gigantes], las almas de cuya carne los espíritus, habiendo salido, destruirán sin incurrir en juicio, así destruirán hasta el día de la consumación, el gran [juicio], en el que se consumará la era sobre los Vigilantes y los impíos; sí, será consumado por completo.

Y ahora, en cuanto a los Vigilantes que te han enviado a interceder por ellos, que habías sido en el Cielo, diles: «Habéis estado en el Cielo, pero [todos] los misterios aún no os habían sido revelados, y conocíais los insignificantes, y estos en la dureza de vuestros corazones los habéis dado a conocer a las mujeres, y por estos misterios, las mujeres y los hombres han multiplicado el mal en la Tierra».

Diles pues: «No tendréis paz».

XVII. Enoc es elevado a la mansión de la tempestad, la luz y el trueno

Y me tomaron y me llevaron a un lugar cuyos habitantes eran como llamas de fuego, y cuando querían, se aparecían a los hombres.

Y me llevaron a un lugar de oscuridad, y a una montaña cuya cumbre llegaba al cielo. Y vi los lugares de las luminarias [y los tesoros de las estrellas] y del trueno [y] en las profundidades más lejanas, donde había un arco y flechas de fuego y su aljaba, y [una espada de fuego] y todos los relámpagos.

Y me llevaron a las aguas vivas, y al fuego del occidente, que recibe cada puesta del sol.

Luego llegué a un río de fuego en el que el fuego fluye como agua y se descarga en el gran mar hacia el oeste.

Vi los grandes ríos y llegué a la gran oscuridad, y fui al lugar donde ninguna carne camina. Vi las montañas de las tinieblas del invierno y el lugar de donde fluyen todas las aguas del abismo. Vi las bocas de todos los ríos de la Tierra y la boca del abismo.

XVIII. Visión de los vientos, las siete montañas de piedras preciosas, el abismo de fuego de siete estrellas encadenadas al Cielo y la Tierra

Vi los tesoros de todos los vientos, vi cómo había provisto con ellos toda la creación y los firmes cimientos de la Tierra.

Y vi la piedra angular de la Tierra, vi los cuatro vientos que sostienen [la Tierra y] el firmamento de los cielos.

[Y vi cómo los vientos extienden las bóvedas de los cielos], y tienen su puesto entre el Cielo y la Tierra: [estas son las columnas del Cielo].

Vi los vientos del Cielo que giran y llevan la circunferencia del sol y todas las estrellas a su ocaso.

Vi los vientos sobre la Tierra que llevaban las nubes, vi [los caminos de los ángeles. Vi] al final de la Tierra el firmamento de los cielos arriba.

Y proseguí y vi un lugar que arde día y noche, donde hay siete montañas de piedras magníficas, tres hacia el oriente y tres hacia el sur.

Y en cuanto a aquellas que estaban hacia el este, una era de piedra coloreada, y otra, de perla, y otra, de jacinto, y aquellas hacia el sur, de piedra roja. Pero la del medio llegaba hasta el Cielo como el trono de Dios, de alabastro, y la cumbre del trono era de zafiro.

Y vi una llama de fuego. Y más allá de estas montañas hay una región al final de la Gran Tierra: allí se completaron los cielos.

Luego vi un abismo profundo, con columnas [de fuego celestial, y, entre ellas, las vi caer] de fuego, que eran desmesuradamente semejantes hacia la altura y hacia la profundidad.

Y más allá de ese abismo, vi un lugar que no tenía el firmamento del Cielo arriba, y ninguna Tierra firmemente fundada debajo de él. No había agua sobre él ni pájaros, era un lugar desierto y horrible.

Vi allí siete estrellas como grandes montañas ardientes, y cuando inquirí acerca de ellas, el ángel me dijo: «Este lugar es el fin del

Cielo y de la Tierra: esto se ha convertido en una prisión para las estrellas y el ejército del Cielo.

Y las estrellas que ruedan sobre el fuego son aquellas que han transgredido el mandamiento del Señor al principio de su salida, porque no salieron en sus tiempos señalados.

Y se enojó con ellos, y los ató hasta el tiempo en que su culpa debería ser consumada incluso [por diez mil años]».

XIX. La suerte de los ángeles malos y sus mujeres

Y Uriel me dijo: «Aquí estarán los ángeles que se han conectado con las mujeres, y sus espíritus, asumiendo muchas formas diferentes, están profanando a la humanidad y la desviarán para que sacrifique a los demonios [como dioses], aquí permanecerán hasta el día del gran juicio en el cual serán juzgados hasta que sean acabados. Y también las mujeres de los ángeles que se descarriaron se convertirán en sirenas».

Y yo, Enoc, solo vi la visión, los fines de todas las cosas, y ningún hombre verá como yo he visto.

XX. Los hombres y las funciones de los ángeles

Y estos son los nombres de los santos ángeles que velan.

Uriel, uno de los santos ángeles, que está sobre el mundo y sobre el Infierno.

Rafael, uno de los santos ángeles, que está sobre los espíritus de los hombres. Raguel, uno de los santos ángeles que se venga del mundo de las luminarias.

Miguel, uno de los santos ángeles, a saber, el que está puesto sobre la mejor parte de la humanidad [y] sobre el caos.

Saraqâêl, uno de los santos ángeles, que está puesto sobre los espíritus, que pecan en el espíritu.

Gabriel, uno de los santos ángeles, que está sobre el Paraíso y las serpientes y los querubines.

Remiel, uno de los santos ángeles, a quien Dios puso sobre los que resucitan.

XXI. El lugar preliminar y final del castigo de los ángeles caídos (estrellas)

Y procedí adonde las cosas estaban caóticas.

Y vi allí algo horrible, no vi el Cielo arriba ni Tierra firmemente fundada, sino un lugar caótico y horrible.

Allí vi siete estrellas del Cielo unidas en él, como grandes montañas y ardiendo con fuego.

Entonces pregunté: «¿Por qué pecado están atados y por qué motivo han sido arrojados aquí?».

Uriel, uno de los santos ángeles, que estaba conmigo, y era el jefe de ellos, dijo: «Enoc, ¿por qué preguntas y por qué estás ansioso por la verdad?

Estos son del número de las estrellas [del Cielo] que han transgredido el mandamiento del Señor, y están atados aquí hasta diez mil años, (hasta que) el tiempo que conllevan sus pecados se consuma».

Y de allí fui a otro lugar, que era aún más terrorífico que el anterior, y vi una cosa horrible, un gran fuego allí que ardía y ardía, y el lugar estaba hendido hasta el abismo, estando lleno de grandes columnas descendentes de fuego. Ni su extensión o magnitud podía ver ni podía conjeturar.

Entonces dije: «¡Qué temible es el lugar y qué terrible de mirar!».

Entonces me respondió Uriel, uno de los santos ángeles que estaba conmigo, y me dijo: «Enoc, ¿por qué tienes tanto miedo y espanto?», y yo respondí: «Por este lugar espantoso y por el espectáculo del dolor».

Y me dijo: «Este lugar es la prisión de los ángeles, y aquí estarán presos para siempre».

XXII. La mansión de las almas de los muertos antes del juicio

Y de allí fui a otro lugar, y él me mostró en el oeste [otra] montaña grande y alta de roca dura. Había en ella cuatro huecos profundos, anchos y muy lisos. Tres estaban oscuros y uno luminoso, en medio se encontraba un manantial de agua, y dije: «Cuán suaves son estos lugares huecos y profundos, y oscuros a la vista».

Entonces respondió Rafael, uno de los santos ángeles que estaba conmigo, y me dijo: «Estos lugares huecos han sido creados con este mismo propósito, para que los espíritus de las almas de los muertos se reúnan en ellos, sí, para que todas las almas de los hijos de los hombres se reúnan aquí.

Y estos lugares han sido hechos para recibirlos hasta el día de su juicio y hasta su período señalado [hasta el período señalado], hasta que el Gran Juicio venga sobre ellos».

Vi los espíritus de los hijos de los hombres que estaban muertos, su voz llegaba hasta el Cielo y se quejaban.

Entonces pregunté a Rafael, el ángel que estaba conmigo y le dije: «¿De quién es este espíritu cuya voz llega hasta el Cielo y se queja?».

Me respondió y me habló en estos términos: «Ese espíritu es el que salió de Abel cuyo hermano Caín ha matado, y él lo acusa hasta que sus razas sean eliminadas de la faz de la Tierra y que su raza desaparezca de la de todos los hombres».

En ese momento pregunté sobre él y sobre todas las cavidades: «¿Por qué están separadas unas de las otras?».

Y él me respondió y me dijo: «Estos tres han sido hechos para que los espíritus de los muertos puedan ser separados. Y tal división ha sido hecha de ellos justos ahí donde hay como un manantial de agua de vida, luz.

Esta ha sido creada para pertenecerle a los pecadores cuando mueran y sean sepultados en la Tierra, y contra los cuales no haya tenido lugar un juicio durante su vida.

De la misma manera se ha hecho una separación para los pecadores cuando mueran y sean sepultados en la Tierra, y contra los cuales no haya sido pronunciado algún juicio durante su vida.

Ahí son puestas aparte sus almas para este gran castigo, hasta el día del juicio, castigos y tormentas de los malditos, para la eternidad, para que tenga lugar la retribución de los espíritus.

Ahí es donde sus almas han sido puestas aparte para ese gran tormento, hasta el día del Gran Juicio, del castigo y la tortura de los que maldicen hasta la eternidad, y [hasta el día de] la venganza que se ejercerá sobre sus almas. Es ahí donde las encadenará por la eternidad. Ahí estará para siempre.

Y tal división ha sido hecha para los espíritus de aquellos que hacen su juicio, que hacen revelaciones concernientes a su destrucción, cuando fueron muertos en los días de los pecadores.

Y de la misma forma se ha hecho una separación para las almas de los que se quejan, que dan a conocer su asesinato cuando han sido muertos en los días de los pecadores. Y esta ha sido creada para las almas de los hombres, de todos los que no serán puros sino pecadores, impíos y serán parte de los sin ley. Pero, entonces, espíritus (ya que han sido oprimidos aquí abajo) son menos castigados, no serán castigados en el día del juicio y no serán resucitados aquí.

De igual manera ha sido hecha para las almas de los hombres que no han sido justos, sino pecadores consumidos en el crimen y que estarán con los criminales. En cuanto a su alma, no será muerta en el día del juicio y no resucitará de ahí».

En ese momento bendije al Señor de Gloria y dije: «Bendito sea, mi Señor, Señor de la Justicia, que reina para todos los humanos».

XXIII. El fuego que persigue a las luces del Cielo

De allí me fui a otro lugar, al oeste de los confines de la Tierra.

Y vi un fuego [ardiendo] que corría sin descanso, y no se detenía de su curso ni de día ni de noche, sino que [corría] regularmente.

Y pregunté diciendo: «¿Qué es esto que no descansa?».

Entonces Raguel, uno de los santos ángeles que estaba conmigo, me respondió [y me dijo]: «Este curso [de fuego que has visto] es el fuego en el oeste que persigue todas las luminarias del Cielo».

XXIV. Las siete montañas y el árbol maravilloso

Y de allí me fui a otro lugar de la Tierra, y me mostró una montaña de fuego que ardía [día y noche].

Y fui más allá y vi siete magníficas montañas, todas diferentes entre sí, y las piedras eran preciosas y hermosas, magníficas en su conjunto, de apariencia gloriosa y exterior hermoso: [tres hacia] el este, fundadas una contra otra, y tres hacia el sur, una sobre la otra, y profundos barrancos toscos, ninguno de los cuales se juntaba con otro.

Y la séptima montaña estaba en medio de estas, y las excedía en altura, semejante al asiento de un trono, y árboles fragantes rodeaban este trono.

Y entre ellos había un árbol, cual perfume nunca antes había olido entre estos árboles o entre otros como él. Tenía una fragancia más allá de toda fragancia, y sus hojas y flores y madera no se marchitaron para siempre, y su fruto [es hermoso] se parece a los dátiles de una palmera.

Entonces dije: «¡Cuán hermoso es este árbol, y fragante, y sus hojas son hermosas, y sus flores, ¡muy deleitosas en apariencia!».

Entonces respondió Miguel, uno de los santos [y honorables] ángeles que estaba conmigo, y era su líder.

XXV. Explicación de Miguel a Enoc acerca del árbol maravilloso y las siete montañas

Y él me dijo: «Enoc, ¿por qué me preguntas acerca de la fragancia del árbol, y [por qué] deseas saber la verdad?».

Entonces le respondí [diciendo]: «Quiero saber de todo, pero especialmente de este árbol».

Y él respondió diciendo: «Este alto monte [que has visto], cuya cima es como el trono de Dios, es su trono, donde se sentará el Grandísimo, el Señor de la Gloria, el Rey Eterno, cuando Él descienda para visitar la Tierra con bondad.

Y en cuanto a este árbol fragante, ningún mortal puede tocarlo hasta el Gran Juicio, cuando Él se vengará de todos y llevará todo a su consumación, para siempre. Entonces será dado a los justos y a los santos.

Su fruto será para alimento de los elegidos, será trasplantado al Lugar Santo, al Templo del Señor, del Rey Eterno.

Entonces, se regocijarán y se alegrarán. Y en el Lugar Santo entrarán; y su fragancia estará en sus huesos, y vivirán una larga vida en la Tierra, como vivieron tus padres.

Y en sus días no habrá tristeza ni plaga y ni el tormento o la calamidad los alcanzará».

Entonces, yo bendije al Dios de Gloria, al Rey Eterno que ha preparado tales cosas para los justos, los ha creado y prometió dárselas.

XXVI. Enoc ve otras montañas divididas por grandes barrancos

Y fui de allí a la mitad de la Tierra, y vi un lugar bendito [en el cual había árboles] con ramas que permanecían y florecían [de un árbol desmembrado].

Y allí vi un monte santo, debajo de él había un arroyo que fluía hacia el sur. Y vi hacia el oriente otro monte más alto que este, y entre ellos, un barranco profundo y angosto, y también en él corría un arroyo [debajo] del monte.

Y al occidente del mismo había otro monte, más bajo que el primero, de pequeña elevación, y un barranco profundo y seco entre ellos, pero también otro barranco profundo y seco estaba en los extremos de los tres montes.

Y todos los barrancos eran profundos [y angostos], formados de roca dura, y no se plantaron árboles sobre ellos. Y me maravillé de las rocas y del barranco; sí, me maravillé mucho.

XXVII. Explicación a Enoc: El valle maldito está destinado a los malditos

Entonces dije: «¿Por qué esta tierra está bendita y llena de árboles, mientras que este barranco de en medio de las montañas está maldito?».

Entonces Uriel, uno de los ángeles, que estaba conmigo, me respondió y dijo: «Este valle maldito está destinado a los malditos durante toda la eternidad; es ahí donde serán reunidos todos los que por su boca pronuncian palabras contra el Señor y dicen insolencias sobre su gloria, ahí se les reunirá y ese será el lugar de su castigo.

Al final de los tiempos, el espectáculo desaparecerá del juicio que en justicia se realizará y en presencia de los justos será para toda la eternidad. Ahí, todos los días, los que hayan obtenido misericordia bendecirán al Señor de la Gloria, el Rey Eterno.

En el día del juicio de estos malos y justos, (serán) bendecidos por la participación que Él les ha reservado en su misericordia».

Entonces bendije al Señor de Gloria, publiqué su gloria y canté, como indica su grandeza.

XXVIII. Enoc viaja hacia un río

Y de allí fui [hacia el este], en medio [de la cordillera del desierto], y vi un desierto que estaba solitario, lleno de árboles y plantas.

Y el agua brotó de lo alto, corriendo como un caudaloso río [que fluía] hacia el noroeste, y hacía subir nubes y rocío por todos lados.

XXIX. Los árboles del juicio

Y de allí fui a otro lugar en el desierto, y me acerqué al este de esta cordillera. Y ahí vi árboles aromáticos que exhalaban fragancia de incienso y mirra, y los árboles también eran semejantes al almendro.

XXX. Nuevos árboles olorosos

Y más allá de estos, fui lejos hacia el este y vi otro lugar, un valle lleno de agua.

Y allí había un árbol hermoso, cuyo color y aroma era como el de los árboles fragantes como el lentisco.

Y en los lados de esos valles vi canela aromática. Y avancé más allá de estos, procedí al este.

XXXI. El fruto del aloe

Y vi otras montañas, y entre ellas había [bosques de] árboles, y fluía de ellos néctar, que se llama Sarara y Gálbano.

Y más allá de estas montañas vi otra [al oriente de los confines de la Tierra, donde había árboles de aloe], y todos los árboles estaban llenos de estaca, como almendros.

Y cuando se lo quemaba, olía más dulce que cualquier olor fragante.

XXXII. El paraíso terrestre y el árbol de la ciencia

Después de haber esos olores fragantes, cuando miré hacia el norte, sobre las montañas, vi siete montañas llenas de nardos selectos y árboles fragantes, y canela y pimienta. Y desde allí crucé las cumbres de [todas] estas montañas, lejos hacia el este [de la Tierra], y pasé sobre el mar Eritreo y me alejé de él, y pasé sobre el ángel Zotîêl.

Y llegué al Jardín de la Justicia, y vi más allá de esos árboles, muchos árboles grandes que crecían allí y eran de buena fragancia, grandes, muy hermosos y gloriosos, y el árbol de la sabiduría, del cual los que comen adquieren gran sabiduría.

[Ese árbol es en altura como el abeto, y sus hojas son] como las del algarrobo, y su fruto es como los racimos de la vid, muy hermoso, y la fragancia de este árbol se expande y penetra hasta lejos.

Entonces dije: «¡Qué hermoso es el árbol y qué atractivo es su aspecto!».

Entonces Rafael el santo ángel, que estaba conmigo, me respondió [y dijo]: «Este es el árbol de la sabiduría, del cual comieron por años tu padre y tu madre ancianos, quienes estuvieron antes que tú, y ganaron sabiduría y sus ojos fueron abiertos, y vieron que estaban desnudos y fueron echados del jardín».

XXXIII. Los confines de la Tierra y las puertas nacientes de los astros

Y de allí fui a los confines de la Tierra y vi grandes bestias, cada una diferente de la otra; y vi pájaros también diferentes en apariencia y hermosura y voz, el uno diferente del otro.

Y al este de esas bestias vi los confines de la Tierra sobre los cuales descansa el Cielo, y los portales del Cielo se abren.

Y vi cómo salen las estrellas del Cielo, y conté los portales de los cuales salen, y anoté las puertas por las que salen, de cada estrella individual por sí misma, según su número y sus nombres, sus cursos y sus posiciones, y sus tiempos y sus meses, como me mostró Uriel, el santo ángel que estaba conmigo.

Él me mostró todas las cosas y me las describió, así como también sus nombres, y sus leyes y sus compañías.

XXXIV. Portales y vientos del norte

Desde allí fui hacia el norte, hasta los confines de la Tierra, y vi una disposición grande y gloriosa en los confines de toda la Tierra.

Y aquí vi tres portales que en el Cielo estaban abiertos; a través de cada uno de ellos pasan los vientos del norte, y cuando soplan, hay frío, granizo, escarcha, nieve, rocío y lluvia. Por un portal soplan para bien, pero cuando soplan por los otros dos portales, es con violencia y aflicción sobre la Tierra.

XXXV. Los portales y las salidas del occidente

Y de allí fui hacia el occidente, hasta los confines de la Tierra, y vi tres portales del Cielo abiertos como los que había visto en el oriente, el mismo número de portales y el mismo número de salidas.

XXXVI. El viaje al sur

Y de allí fui al sur, hasta los confines de la Tierra, y vi tres portales abiertos en el Cielo, de ellos salía rocío, lluvia y viento.

Y desde ahí fui al este, hasta los confines del Cielo, y vi los tres portales orientales del Cielo abiertos, y sobre ellos, unos pequeños portales.

A través de cada uno de estos pequeños portales pasan las estrellas del Cielo y siguen su curso hacia el oeste por el camino que se les muestra.

Y cuantas veces vi este espectáculo bendije al Señor de la Gloria, y seguiré haciéndolo porque ha realizado grandes y gloriosas maravillas, para mostrar la inmensidad de su obra a los ángeles, a los espíritus y a los hombres, para que puedan alabar su obra y toda la creación de sus manos, y bendecirle para siempre.

SECCIÓN 2

LAS PARÁBOLAS

(XXXVII-LXXI)

XXXVII. Segunda visión de Enoc: revelación de tres parábolas

La segunda visión, la visión de sabiduría, la cual vio Enoc, hijo de Jared, hijo de Mahalaleel, hijo de Cainán, hijo de Enós, hijo de Set, hijo de Adán.

Y este es el principio de las palabras de sabiduría que alzó mi voz para pronunciar y decir a los que moran en la Tierra: «Oíd, hombres de antaño, y ved, los que venís después, las palabras del Santo que hablaré ante el Señor de los Espíritus».

Sería mejor declarar a los hombres de la antaño, pero incluso no negaremos el principio de la sabiduría a los que vienen después.

Hasta el día de hoy, el Señor de los Espíritus nunca me ha dado tanta sabiduría como la que yo he recibido según mi intuición, según el beneplácito del Señor de los Espíritus, por quien me ha sido dada la suerte de la vida eterna.

Ahora me fueron enseñadas tres parábolas, y alcé mi voz y las conté a los que moran en la Tierra.

XXXVIII. PRIMERA PARÁBOLA: El juicio venidero de los malvados

La primera parábola. Cuando aparezca la congregación de los justos y los pecadores sean juzgados por sus pecados, serán echados de la faz de la Tierra.

Y, cuando el Justo aparezca ante los ojos de los justos, cuyas obras elegidas dependen del Señor de los Espíritus, y la luz aparezca para los justos y los elegidos que moran en la Tierra, ¿dónde, pues, estará la morada de los pecadores, ¿dónde (estará) el lugar de descanso de aquellos que han negado al Señor de los Espíritus? Bien les hubiera ido si no hubieran nacido.

Cuando los secretos de los justos sean revelados y los pecadores juzgados, y los impíos expulsados de la presencia de los justos y escogidos, desde entonces los que poseen la Tierra ya no serán poderosos y exaltados, y ya no podrán ver el rostro del Santo, porque el Señor de los Espíritus ha hecho aparecer su luz sobre el rostro de los santos, los justos y los elegidos.

Entonces perecerán los reyes y los poderosos, y serán entregados en manos de los justos y los santos.

Y de ahí en adelante nadie buscará para sí la misericordia del Señor de los Espíritus, porque su vida habrá llegado a su fin.

XXXIX. La morada de los justos y de los elegidos: las alabanzas de los bienaventurados

[Y sucederá en aquellos días que hijos elegidos y santos descenderán del Alto Cielo, y serán uno con los hijos de los hombres.

Y en aquellos días Enoc recibió libros de celo e ira, y libros de inquietud y expulsión].

Y no se les concederá misericordia, dice el Señor de los Espíritus.

Y en aquellos días un torbellino me arrastró de la Tierra, y me puso al final de los cielos.

Y allí vi otra visión: las moradas de los santos, y los lugares de descanso de los justos.

Aquí mis ojos vieron sus moradas con sus ángeles justos, y sus lugares de reposo con el Santo. Y ellos rogaron e intercedieron y oraron por los hijos de los hombres, y la justicia fluyó delante de ellos como agua, y la misericordia, como el rocío sobre la tierra: así es entre ellos, por los siglos de los siglos.

Y en aquel lugar vieron mis ojos al Elegido de Justicia y de Fe. Y vi su morada bajo las alas del Señor de los Espíritus. Y la justicia prevalecerá en sus días, y los justos y los elegidos serán innumerables delante de Él, por los siglos de los siglos.

Y todos los justos y escogidos delante de Él serán fuertes como luces de fuego, y su boca se llenará de bendición, y sus labios exaltan el nombre del Señor de los Espíritus, y la justicia delante de Él nunca fallará, [y la rectitud nunca fallará ante Él].

Allí quise morar. Y mi espíritu anhelaba aquella morada: y allí hasta ahora ha sido mi porción, porque así se ha establecido acerca de mí ante el Señor de los Espíritus.

En aquellos días alabé y ensalcé el nombre del Señor de los Espíritus con bendiciones y alabanzas, porque Él me ha destinado para bendición y gloria según el beneplácito del Señor de los Espíritus.

Por mucho tiempo mis ojos contemplaron aquel lugar, y lo bendije y lo alabé, diciendo: «Bendito sea, y sea bendito desde el principio y por los siglos de los siglos».

Y ante Él no hay tregua. Él sabe, antes de que el mundo fuera creado, lo que es para siempre y lo que será de generación en generación.

Los que no duermen te bendicen: se paran ante tu gloria y bendicen, alaban y exaltan, diciendo: «Santo, santo, santo es el Señor de los Espíritus: Él llena la Tierra de espíritus».

Y aquí mis ojos vieron a todos los que no duermen: están delante de Él y bendicen, y dicen: «Bendito seas tú y bendito sea el nombre del Señor por los siglos de los siglos».

Y mi rostro se transformó, porque ya no podía contemplar.

XL. Los cuatro arcángeles

Y después de eso vi miles de miles y diez mil veces diez mil, una multitud inconmensurable que estaba ante el Señor de los Espíritus.

Y en los cuatro lados del Señor de los Espíritus vi cuatro presencias, diferentes de las que no duermen, y aprendí sus nombres porque el ángel que iba conmigo me dio a conocer sus nombres, y me mostró todos los secretos.

Y oí las voces de esas cuatro presencias mientras pronunciaban alabanzas ante el Señor de la Gloria.

La primera voz bendijo al Señor de los Espíritus por los siglos de los siglos.

La segunda voz (la) oí bendiciendo al Elegido y a los elegidos que dependen del Señor de los Espíritus.

Y a la tercera voz oí orar e interceder por los que moran en la Tierra y suplican en el nombre del Señor de los Espíritus. Y escuché la cuarta voz defendiéndose de los satanes y prohibiéndoles venir ante el Señor de los Espíritus para acusar a los que moran en la Tierra.

Después de eso pregunté al ángel de la paz que iba conmigo, quien me mostró todo lo que estaba escondido: «¿Quiénes son estas cuatro presencias que he visto y cuyas palabras he oído y escrito?».

Y me dijo: «Este primero es Miguel, el misericordioso y paciente; el segundo, que está encargado de todas las enfermedades y todas las heridas de los hijos de los hombres, es Rafael; y el tercero, que es encargado de todos los poderes, es Gabriel; y el cuarto, que está encargado del arrepentimiento para la esperanza de los que heredarán la vida eterna, se llama Fanuel».

Y estos son los cuatro ángeles del Señor de los Espíritus y las cuatro voces que escuché en aquellos días.

XLI. Los secretos astronómicos

Y después de eso vi todos los secretos de los cielos, y vi cómo se divide el reino, y cómo se pesan en la balanza las acciones de los hombres.

Y allí vi las mansiones de los elegidos y las mansiones de los santos, y mis ojos vieron a todos los pecadores expulsados de allí porque niegan el nombre del Señor de los Espíritus, y fueron arrastrados, y no podían permanecer por el castigo que procede del Señor de los Espíritus.

Y allí mis ojos vieron los secretos del relámpago y del trueno, y los secretos de los vientos, cómo se dividen para soplar sobre la Tierra, y los secretos de las nubes y el rocío; y allí vi de dónde sale la humedad y dónde se satura la Tierra polvorienta.

Y allí vi cámaras cerradas desde las cuales se salen los vientos: la cámara del granizo y los vientos, la cámara de la niebla y de las nubes, y su nube se cierne sobre la Tierra desde el principio del mundo.

Y vi las cámaras del sol y la luna, de dónde proceden y a dónde vuelven. Y vi su glorioso regreso, y cómo uno es superior al otro, y su órbita majestuosa, y cómo no la abandonan y no añaden nada a su órbita ni le quitan nada, y se mantienen fieles los unos a los otros, de acuerdo con el juramento por el que están unidos.

Y (el) primero que sale es el sol y recorre su camino según el mandamiento del Señor de los Espíritus, y poderoso es su nombre por los siglos de los siglos.

Y después de eso vi el camino oculto y el visible de la luna, y ella cumple su curso en ese lugar, de día y de noche, uno ocupando una posición opuesta al otro ante el Señor de los Espíritus. Y dan gracias y alabanza, y no descansan porque para ellos su acción de gracias es un descanso.

Porque el sol cambia a menudo por una bendición o una maldición. Y el curso del camino de la luna es luz para los justos y tinieblas para los pecadores en el nombre del Señor, quien hizo una separación entre la luz y la oscuridad, y dividió los espíritus de los hombres, y fortaleció el espíritu de los justos en el nombre de su justicia.

Porque ningún ángel estorba y ningún poder puede estorbar, porque Él nombra un juez para todos ellos y Él los juzga a todos delante de Él.

XLII. Las moradas de la sabiduría y de la iniquidad

La sabiduría no encontró lugar donde pudiera morar; entonces le fue asignada una morada en los Cielos. Salió la sabiduría para hacer su morada entre los hijos de los hombres, y no halló morada: la sabiduría volvió a su lugar y se sentó entre los ángeles.

Y la injusticia salió de sus aposentos: encontró a quien ella buscaba y habitó con ellos, como lluvia en un desierto y rocío sobre una tierra sedienta.

XLIII. Significación simbólica de las estrellas

Y vi otros relámpagos y las estrellas del Cielo, y vi cómo Él llamaba a todos por sus nombres y lo escuchaban.

Y vi cómo se pesan en una balanza justa según sus proporciones de luz, según la anchura de sus espacios y según el día de su aparición, y cómo su revolución produce relámpagos. También (vi) su revolución según el número de los ángeles, y (cómo) se mantienen fieles los unos a los otros.

Y le pregunté al ángel que iba conmigo que me mostró lo que estaba escondido: «¿Qué es esto?».

Y me dijo: «El Señor de los Espíritus te ha mostrado su parábola, estos son los nombres de los santos que moran en la Tierra y creen en el nombre del Señor de los Espíritus por los siglos de los siglos».

XLIV. Estrellas que se transforman en rayo

También vi otro fenómeno con respecto a los relámpagos; cómo algunas de las estrellas surgen y se convierten en relámpagos y no pueden separarse de su nueva forma.

XLV. SEGUNDA PARÁBOLA
La suerte de los apóstatas: el Cielo nuevo y la Tierra nueva

Y esta es la segunda parábola de los que niegan el nombre de la morada de los santos y del Señor de los Espíritus.

Y al Cielo no subirán, y sobre la Tierra no vendrán. Tal será la suerte de los pecadores. Quienes han negado el nombre del Señor de los Espíritus y que son preservados para el día del sufrimiento y del infortunio. En ese día mi Elegido se sentará en el trono de la gloria y probará sus obras, y sus lugares de descanso serán innumerables. Y sus almas se fortalecerán dentro de ellos cuando vean a mis Elegidos y los que han invocado mi glorioso nombre.

Entonces haré que mi Elegido more entre ellos, y transformaré el Cielo y lo bendeciré y lo haré luz por la eternidad.

Y transformaré la Tierra y la convertiré en una bendición, y haré que mis escogidos moren en ella. Pero los pecadores y los malhechores no pondrán pie en ella.

Porque he provisto y saciado de paz a mis justos y los he hecho morar delante de mí, pero para los pecadores hay juicio inminente conmigo, y los destruiré sobre la faz de la Tierra.

XLVI. Cabeza de los Días y el Hijo del Hombre

Y allí vi a alguien que tenía una Cabeza de los Días, y su cabeza era blanca como la lana, y con él estaba otro ser cuyo rostro tenía la apariencia de un hombre, y su rostro estaba lleno de gracia, como el de los santos ángeles.

Y le pregunté al ángel que iba conmigo y me mostró todas las cosas ocultas acerca de aquel Hijo del Hombre: ¿quién es, de dónde es (y) por qué se fue con la Cabeza de los Días?

Y él respondió y me dijo: «Este es el Hijo del Hombre que tiene justicia en quien mora la justicia, y quien revela todos los tesoros de lo que está escondido. Porque el Señor de los Espíritus lo ha elegido, y cuya suerte tiene la preeminencia ante el Señor de los Espíritus en rectitud para siempre.

Y este Hijo del Hombre a quien has visto levantará a los reyes y a los poderosos de sus tronos, [y los fuertes de sus tronos] y soltará las riendas de los fuertes y romperá los dientes de los pecadores; [y derribará a los reyes de sus tronos y reinos] porque no lo ensalzan ni lo alaban, ni reconocen humildemente de dónde les fue otorgado el reino.

Y humillará el semblante de los fuertes, y los llenará de vergüenza. Y las tinieblas serán sus moradas y los gusanos serán su cama, y no tendrán esperanza de levantarse de sus lechos. Porque no ensalzan el nombre del Señor de los Espíritus.

Y estos son los que juzgan las estrellas del Cielo, [y levantan sus manos contra el Altísimo] y pisan la Tierra y habitan en ella, y todas sus obras manifiestan injusticia y su poder descansa sobre sus riquezas, y su fe está en los dioses que han hecho con sus manos. Y niegan el nombre del Señor de los Espíritus y persiguen las casas de sus congregaciones, y los fieles que se aferran al nombre del Señor de los Espíritus».

XLVII. La oración de los justos por la venganza y su alegría por la venida

Y en aquellos días habrá subido la oración de los justos, y la sangre de los justos de la Tierra, ante el Señor de los Espíritus.

En aquellos días los santos que habitan arriba en los cielos se unirán en una sola voz y suplicarán y orarán, glorificarán, agradecerán y bendecirán el nombre del Señor de los Espíritus por la sangre de los justos que ha sido derramada, para que la oración de los justos no sea en vano ante el Señor de los Espíritus, para que se les haga juicio y no tengan una espera eterna.

En aquellos días vi a la Cabeza de los Días cuando se sentó en el trono de su gloria, y los libros de los vivos fueron abiertos ante Él, y todo su ejército que está arriba en los cielos y sus consejeros estaban delante de él.

Y los corazones de los santos se llenaron de alegría porque se había ofrecido el número de los justos, y la oración de los justos había sido escuchada, y la sangre de los justos había sido requerida ante el Señor de los Espíritus.

XLVIII. LA FUENTE DE LA JUSTICIA

El Hijo del Hombre, el sostén de los justos: el juicio de los reyes y los poderosos

Y en ese lugar vi la fuente de justicia que era inagotable, y a su alrededor había muchas fuentes de sabiduría, y todos los sedientos bebieron de ellas y se llenaron de sabiduría, y sus moradas estaban con los justos, los santos y los escogidos.

Y en aquella hora fue nombrado el Hijo del Hombre en presencia del Señor de los Espíritus, y su nombre, ante la Cabeza de los Días.

Sí, antes de que se crearan el sol y las señales, antes de que se hicieran las estrellas del Cielo, su nombre fue nombrado ante el Señor de los Espíritus.

Será para los justos un bastón en el que se apoyen y no caigan, y Él será la luz de los gentiles, y la esperanza de los que están atribulados de corazón.

Todos los moradores de la Tierra se postrarán y adorarán delante de él, y alabarán, bendecirán y celebrarán con canto al Señor de los Espíritus.

Y por esta razón es que ha sido él elegido y escondido delante del Señor, antes de la creación del mundo y para siempre.

Y la sabiduría del Señor de los Espíritus lo ha revelado a los santos y justos porque Él ha preservado la suerte de los justos, porque han aborrecido y despreciado este mundo de injusticia, y han aborrecido todas sus obras y caminos en el nombre del Señor de los Espíritus. Porque en su nombre son salvos, y conforme a su beneplácito ha sido con respecto a la vida de ellos.

En estos días se abatirán los reyes de la Tierra y los poderosos que poseen la Tierra por la obra de sus manos, porque en el día de su angustia y aflicción no (podrán) salvarse a sí mismos.

Y los entregaré en manos de mis escogidos, como paja en el fuego, así arderán ante la faz del Santo, como plomo en el agua se hundirán ante la faz de los justos, y no se encontrará más rastro de ellos.

Y en el día de su aflicción habrá reposo sobre la Tierra, y ante ellos caerán y no volverán a levantarse, y no habrá quien los tome con sus manos y los levante porque han negado al Señor de los Espíritus y a su hijo. ¡Bendito sea el nombre del Señor de los Espíritus!

XLIX. El poder y la sabiduría del elegido

Porque la sabiduría se derrama como el agua, y la gloria no falta ante Él para siempre jamás.

Porque Él es poderoso en todos los secretos de la justicia, y la injusticia desaparecerá como una sombra, y no tienen continuación porque el Elegido está ante el Señor de los Espíritus, y su gloria permanece por los siglos de los siglos, y su poder por todas las generaciones.

Y en él mora el espíritu de sabiduría y el espíritu que ilumina, y el espíritu de inteligencia y de poder, y el espíritu de los que se durmieron en justicia.

Y él juzgará las cosas secretas y ninguno podrá proferir una palabra mentirosa delante de él porque él es el Elegido ante el Señor de los Espíritus según su complacencia.

L. La glorificación y victoria de los justos: el arrepentimiento de los gentiles

Y en aquellos días tendrá lugar un cambio para los santos y elegidos, y la luz de los días habitará sobre ellos, y la gloria y el honor se volverán hacia los santos.

En el día de la aflicción en que se habrá atesorado el mal contra los pecadores, los justos serán victoriosos en el nombre del Señor de los Espíritus y Él hará que los demás sean testigos para que se arrepientan y dejen las obras de sus manos.

No tendrán honor en el nombre del Señor de los Espíritus, sin embargo, por su nombre serán salvos, y el Señor de los Espíritus tendrá compasión de ellos porque su compasión es grande.

Y Él es justo también en su juicio, y en la presencia de su gloria tampoco la injusticia se mantendrá. En su juicio, los que no se arrepientan perecerán ante Él.

Y de ahora en adelante no tendré misericordia de ellos, dice el Señor de los Espíritus.

LI. La resurrección de los muertos y la separación por el juez de los justos y los malvados

Y en aquellos días la Tierra también devolverá lo que le ha sido confiado, y el Sol también devolverá lo que ha recibido, y el Infierno devolverá lo que debe.

Porque en aquellos días se levantará el Elegido y escogerá de entre ellos a los justos y a los santos porque se ha acercado el día en que serán salvos. Y el Elegido se sentará en aquellos días en mi trono, y su boca derramará todos los secretos de la sabiduría y del consejo porque el Señor de los Espíritus se los ha dado y lo ha glorificado.

Y en aquellos días los montes saltarán como carneros, y las colinas también saltarán como corderos saciados de leche, y los rostros de [todos] los ángeles en el Cielo se iluminarán con alegría.

Su rostro brillará de alegría porque en esos días el Elegido se levantará y la Tierra se regocijará, y los justos habitarán en ella y los elegidos andarán sobre ella.

LII. Las siete montañas de metal y el Elegido

Y después de aquellos días en aquel lugar donde yo había visto todas las visiones de lo que está oculto —pues me habían llevado en un torbellino y me habían llevado hacia el oeste—, ahí mis ojos vieron todas las cosas secretas del Cielo que serán: una montaña de hierro, una montaña de cobre, una montaña de plata, una montaña de oro, una montaña de metal blando y una montaña de plomo.

Y pregunté al ángel que iba conmigo: «¿Qué es esto que he visto en secreto?».

Y él me dijo: «Todas estas cosas que has visto servirán al dominio de su ungido para que él sea fuerte y poderoso en la Tierra».

Y ese ángel de paz me contestó, diciéndome: «Espera un poco, y allí se te revelarán todas las cosas secretas que rodean al Señor de los Espíritus.

Y estos montes que tus ojos han visto, el monte de hierro, el monte de cobre, el monte de plata, el monte de oro, el monte de metal blando y el monte de plomo, todo esto estará en la presencia del Elegido como cera ante el fuego, y como el agua que desciende de lo alto [sobre esas montañas], y quedarán impotentes ante sus pies.

Y acontecerá en aquellos días que nadie se salvará, ya sea por oro o por plata, y ninguno podrá escapar.

Y no habrá hierro para la guerra, ni uno se vestirá con una coraza. El bronce no será de ningún servicio, y el estaño [no será de ningún servicio y] no será estimado, y el plomo no será deseado.

Y todas estas cosas serán [negadas y] destruidas sobre la faz de la Tierra, cuando el Elegido se presente ante el rostro del Señor de los Espíritus».

LIII. EL VALLE DEL JUICIO: Los ángeles del castigo. Las comunidades del elegido

Allí mis ojos vieron un valle profundo con bocas abiertas, y todos los que moran en la Tierra y el mar y las islas le traerán ofrendas y regalos y muestras de homenaje, pero ese valle profundo no se llenará.

Y sus manos cometen crímenes, y los pecadores devoran a todos los que oprimen sin ley. Sin embargo, los pecadores serán destruidos ante la faz del Señor de los Espíritus y serán desterrados de la faz de su Tierra, y perecerán por los siglos de los siglos.

Porque vi a todos los ángeles del castigo morando y preparando todos los instrumentos de Satanás.

Y le pregunté al ángel de la paz que iba conmigo: «¿Para quién están preparando estos instrumentos?».

Y él me dijo: «Ellos preparan esto para los reyes y los poderosos de esta tierra, para que así puedan ser destruidos.

Y después de esto, el Justo y Elegido hará aparecer la casa de su congregación. De ahora en adelante ya no serán estorbados en el nombre del Señor de los Espíritus.

Y estos montes no permanecerán como la Tierra delante de su justicia, pero los collados serán como fuentes de agua, y los justos descansarán de la opresión de los pecadores».

LIV. La plaga de Dios (el diluvio)

Y miré y me volví a otra parte de la Tierra, y vi ahí un valle profundo con fuego ardiente. Y trajeron a los reyes y a los poderosos, y comenzaron a arrojarlos a este profundo valle.

Y ahí mis ojos vieron cómo estos hicieron sus instrumentos de súplica, cadenas de hierro de peso inconmensurable.

Y le pregunté al ángel de la paz que iba conmigo, diciendo: «¿Para quién se están preparando estas cadenas?».

Y me dijo: «Estos se están preparando para las huestes de Azazel, para que los tomen y los arrojen al abismo de la condenación completa, y se cubrirán las quijadas con piedras ásperas como lo mandó el Señor de los Espíritus.

Y Miguel, Gabriel, Rafael y Fanuel los agarrarán en ese gran día, y los echarán ese día en el horno ardiente, para que el Señor de los Espíritus pueda vengarse de ellos por su injusticia al convertirse en sujetos de Satanás, descarriando a los que moran en la Tierra.

Fragmento de Noé sobre el Primer Juicio Mundial

Y en aquellos días vendrá el castigo del Señor de los Espíritus, y Él abrirá todas las cámaras de las aguas que están sobre los cielos, y de las fuentes que están debajo de la Tierra.

Y todas las aguas se juntarán con las aguas: lo que está sobre los cielos es lo masculino, y el agua que está debajo de la Tierra es lo femenino.

Y destruirán a todos los que moran en la Tierra y a los que habitan debajo de los confines de los cielos. Y cuando hayan reconocido su injusticia que han obrado en la Tierra, entonces por esto perecerán».

LV. Juramento de la Cabeza de los Días

Y después de eso, la Cabeza de los Días se arrepintió y dijo: «En vano he destruido a todos los que moran en la Tierra».

Y juró por su gran nombre: «De ahora en adelante no actuaré así en relación a todos los que moran en la Tierra, y pondré una señal en el Cielo, y esto será una prenda de buena fe entre yo y ellos, para siempre, mientras el Cielo esté sobre la Tierra.

Y esto está de acuerdo con mi mandato. Cuando haya querido tomarlos de la mano de los ángeles en el día de la tribulación y del dolor por causa de esto, haré que mi castigo y mi ira permanezcan sobre ellos, dice Dios, el Señor de los Espíritus.

Vosotros reyes poderosos que moráis en la Tierra, tendréis que contemplar a mi Elegido, cómo se sienta en el trono de gloria y juzga a Azazel, y a todos sus asociados, y a todas sus huestes en el nombre del Señor de Espíritu».

LVI. Última lucha de las potencias paganas contra Israel

Y vi allí las huestes de los ángeles del castigo que llevaban flagelos y cadenas de hierro y bronce en las manos.

Y pregunté al ángel de la paz que iba conmigo, diciendo: «¿Hacia quién van estos que llevan los azotes?».

Y me dijo: «A sus elegidos y amados, para que sean arrojados al abismo del abismo del valle. Y entonces ese valle se llenará con sus elegidos y amados, y los días de su vida se acabarán, y los días de su extravío no serán contados desde entonces.

Y en aquellos días los ángeles volverán y se lanzarán hacia el oriente sobre los partos y los medos. Alborotarán a los reyes y vendrá sobre ellos el espíritu de inquietud, y los levantarán de sus tronos, para que salgan como leones de sus guaridas, y como lobos hambrientos entre sus rebaños.

Y ellos subirán y pisarán la tierra de sus escogidos, [y la tierra de sus escogidos será delante de ellos una era y una calzada].

Pero la ciudad de mis justos será un estorbo para sus caballos. Y comenzarán a pelear entre ellos, y su diestra será fuerte contra sí mismos, y el hombre no conocerá a su hermano ni el hijo a su padre o a su madre, hasta que no haya número de cadáveres por su matanza, y su castigo no será en vano.

En aquellos días, el Seol abrirá sus fauces y serán tragados en él, y su destrucción tendrá fin y el Seol devorará a los pecadores en presencia de los elegidos».

LVII. El retorno de la dispersión

Y aconteció después de esto que vi otra hueste de carros, y hombres montados en ellos, viniendo con los vientos del este, y del oeste hacia el sur.

Y se escuchó el ruido de sus carros, y cuando tuvo lugar este tumulto, los santos del Cielo lo notaron, y los pilares de la Tierra se movieron de su lugar, y su sonido se escuchó desde un extremo del Cielo hasta el otro, durante un día.

Y todos se postrarán y adorarán al Señor de los Espíritus. Y este es el final de la segunda parábola.

LVIII. TERCERA PARÁBOLA
La bienaventuranza de los santos

Y comencé a decir la tercera parábola acerca de los justos y los elegidos.

Benditos sois, vosotros justos y elegidos porque gloriosa será tu suerte.

Y los justos serán a la luz del sol, y los elegidos, a la luz de la vida eterna. Los días de su vida serán interminables y los días del santo, sin número.

Y buscarán la luz y hallarán justicia con el Señor de los Espíritus. Habrá paz para los justos en el nombre del Eterno Señor.

Y después de esto se dirá a los santos en el Cielo para que busquen los secretos de la justicia, la herencia de la fe porque se ha vuelto brillante como el sol sobre la Tierra, y la oscuridad ha pasado.

Y habrá una luz que nunca se acabará, y hasta un límite (*lit.* 'número') de días no vendrá porque las tinieblas primero habrán sido destruidas y la luz habrá sido establecida ante el Señor de los Espíritus, y la luz de la verdad habrá sido afirmada para siempre ante el Señor de los Espíritus.

LIX. Las luces y el trueno

En aquellos días mis ojos vieron los secretos de los relámpagos y de las luces, y los juicios que ejecutan (*lit.* 'su juicio'): y se iluminan para bendecir o maldecir según la voluntad del Señor de los Espíritus.

Y allí vi los secretos del trueno y cómo, cuando resuena arriba en el Cielo, se oye su sonido, y me hizo ver los juicios ejecutados en la Tierra, ya sea para el bienestar y la bendición o por una maldición según la palabra del Señor de los Espíritus.

Y después de eso, todos los secretos de las luces y relámpagos me fueron mostrados, se iluminan para bendecir y satisfacer.

LX. TEMBLORES DEL CIELO: Behemoth y Leviatán: los elementos

En el año quinientos, en el mes séptimo, el día catorce del mes en la vida de Enoc. En aquella parábola vi cómo un gran temblor hizo temblar el Cielo de los cielos, y el ejército del Altísimo, y los ángeles, mil y diez mil veces diez mil, se turbaron con gran inquietud.

Y la Cabeza de los Días se sentó en el trono de su gloria, y los ángeles y los justos lo rodearon.

Y un gran temblor se apoderó de mí, el miedo se apoderó de mí, y mis riñones cedieron, y se disolvieron mis riendas, y caí sobre mi rostro.

Y Miguel envió otro ángel de entre los santos y me resucitó, y cuando me hubo resucitado, mi espíritu volvió, porque no había podido soportar la mirada de este ejército, y la conmoción y el temblor del Cielo.

Y Miguel me dijo: «¿Por qué te inquietas con tal visión? Hasta este día duró el día de su misericordia; y Él ha sido misericordioso y paciente con los que moran en la Tierra. Y cuando venga el día y el poder, y el castigo y el juicio que el Señor de los Espíritus ha preparado para los que no adoran la ley justa, y para los que niegan el justo juicio, y para los que toman su nombre en vano: ese día está preparado; para los elegidos un pacto, pero para los pecadores, una inquisición».

Cuando el castigo del Señor de los Espíritus descanse sobre ellos, descansará para que el castigo del Señor de los Espíritus no venga en vano, y matará a los niños con sus madres y a los niños con sus padres. Después se llevará a cabo el juicio según su misericordia y su paciencia.

Y en ese día se separaron dos monstruos: un monstruo femenino llamado Leviatán, para morar en los abismos del océano sobre las fuentes de las aguas; pero el varón se llama Behemoth, que ocupó con su pecho un desierto llamado Dûidâin, al este del jardín donde moran los elegidos y los justos, donde fue llevado mi abuelo, el séptimo desde Adán, el primer hombre que el Señor de los Espíritus creó.

Y le rogué al otro ángel que me mostrara el poder de esos monstruos, cómo fueron separados en un día y arrojados, uno a los abismos del mar, y el otro a la tierra seca del desierto.

Y él me dijo: «Tú, hijo de hombre, en esto buscas saber lo que está escondido».

Y el otro ángel que iba conmigo y me mostró lo que estaba oculto, me dijo lo que hay primero y último en el Cielo, en lo alto, y debajo de la Tierra, en lo profundo, y en los extremos del Cielo, y en el fundamento del Cielo; y las cámaras de los vientos y (cómo) los vientos se dividen, y cómo se pesan y cómo se cuentan los portales de los vientos, cada uno según el poder del viento y el poder de las luces de la luna, y según la potencia que conviene; y las divisiones de las estrellas según sus nombres, y cómo se dividen todas las divisiones; y los truenos según los lugares donde caen, y todas las divisiones que se hacen entre los relámpagos para que ilumine, y su hueste para que obedezcan al mismo tiempo. Porque el trueno tiene lugares de descanso (que) le son asignados (a él) mientras espera su repique; y el trueno y el relámpago son inseparables, y aunque no son uno ni son indivisos, ambos van juntos por el espíritu y no se separan.

Porque cuando el relámpago se enciende, el trueno emite su voz, y el espíritu impone una pausa durante el repique, y se divide por igual entre ellos; porque el tesoro de sus repiques es como la arena, y cada uno de ellos, al repiquetear, está sujeto con un freno, y por el poder del espíritu los hace retroceder y los empuja hacia adelante según las muchas regiones de la Tierra.

Y el espíritu del mar es masculino y fuerte, y de acuerdo con el poder de su fuerza lo hace retroceder con una rienda, y de la misma manera es empujado hacia adelante y se dispersa entre todas las montañas de la Tierra. Y el espíritu de la escarcha es su propio ángel, y el espíritu del granizo es un ángel bueno.

Y el espíritu de la nieve ha abandonado (sus cámaras) a causa de su fuerza. Hay un espíritu especial en él, y lo que asciende de él es como humo, y su nombre es escarcha.

Y el espíritu de la niebla no está unido con ellos en sus cámaras, sino que tiene una cámara especial porque su curso es glorioso tanto en la luz como en la oscuridad, en el invierno y en el verano, y en su cámara hay un ángel.

Y el espíritu del rocío tiene su morada en los extremos del Cielo, y está conectado con las cámaras de la lluvia, y su curso es en invierno y verano: sus nubes y las nubes de la niebla están conectadas, y una da la otra.

Y cuando el espíritu de la lluvia sale de su cámara, los ángeles vienen y abren la cámara y lo sacan, y cuando se derrama sobre toda la Tierra, se une con el agua sobre la Tierra. Y siempre que se una con el agua sobre la Tierra.

Porque las aguas son para los que moran en la Tierra porque son alimento para la Tierra del Altísimo que está en los cielos: por tanto, hay una medida para la lluvia, y los ángeles la toman en cuenta.

Y estas cosas vi hacia el Jardín de los Justos.

Y el ángel de paz que estaba conmigo me dijo: «Estos dos monstruos, preparados conforme a la grandeza de Dios, se alimentarán y el castigo matará a los pequeños con su madre y a los hijos con su padre.

Cuando el castigo del Señor de los Espíritus pese sobre ellos, pesará porque el castigo del Señor de los Espíritus no viene en vano sobre aquellos de allá. Tendrá lugar el juicio dentro de su misericordia y de su paciencia.

LXI. Los ángeles van a medir el Paraíso: el juicio de los justos por el elegido; la alabanza del elegido y de Dios

Y vi en aquellos días cuán largas cuerdas les fueron dadas a aquellos ángeles, y ellos tomaron alas y volaron, y fueron hacia el norte.

Y le pregunté al ángel, diciéndole: «¿Por qué esos (ángeles) han tomado estas cuerdas y se han ido?». Y me dijo: «Han ido a medir».

Y el ángel que iba conmigo me dijo: Estos traerán las medidas de los justos, y las cuerdas de los justos a los justos, para que permanezcan en el nombre del Señor de los Espíritus por los siglos de los siglos.

Los elegidos comenzarán a morar con los elegidos, y esas son las medidas que se darán a la fe y que fortalecerán la justicia.

Y estas medidas revelarán todos los secretos de las profundidades de la Tierra, y los que han sido destruidos por el desierto, y los que han sido devorados por las fieras, y los que han sido devorados por los peces del mar, para que puedan volver y quedarse ellos mismos en el día del Elegido; porque nadie será destruido ante el Señor de los Espíritus, y ninguno podrá ser destruido.

Y todos los que habitan arriba en el Cielo recibieron un comando y poder, y una voz y una luz como el fuego.

Y aquel Uno (con) sus primeras palabras bendijo, y exaltado y alabado con sabiduría, y eran sabios en la palabra y en el espíritu de vida.

Y el Señor de los Espíritus colocó al Elegido en el trono de la gloria. Y él juzgará todas las obras del Santo arriba en el Cielo, y en la balanza se pesarán sus obras. Y cuando alce su rostro para juzgar sus caminos secretos de acuerdo con la palabra del nombre del Señor de los Espíritus, y su camino según el camino del justo juicio del Señor de los Espíritus, entonces todos a una voz hablarán y bendecirán, y glorificarán, exaltarán y santificarán el nombre del Señor de los Espíritus.

Y convocará a todo el ejército de los cielos y a todos los santos de lo Alto, y al ejército de Dios, a los querubines, a los serafines y a los ofaninos, a todos los ángeles de poder, a todos los ángeles de los principados y a los elegidos. Uno y los otros poderes que están sobre la Tierra (y) sobre el agua.

En ese día levantará una voz y bendecirá, y glorificará y exaltará en el espíritu de fe, y en el espíritu de sabiduría, y en el espíritu de paciencia, y en el espíritu de misericordia, y en el espíritu de juicio y de paz, y con espíritu de bondad dirán todos a una voz: «Bendito sea, y sea bendito el nombre del Señor de los Espíritus por los siglos de los siglos».

Todos los que no duermen arriba en el Cielo lo bendecirán: Todos los santos que están en el Cielo lo bendecirán. Y todos los elegidos que habitan en el jardín de la vida y todo espíritu de luz que sea capaz de bendecir, glorificar, exaltar y santificar tu bendito nombre, toda carne sobremanera glorificará y bendecirá tu nombre por los siglos de los siglos.

Porque grande es la misericordia del Señor de los Espíritus, y Él es paciente, y todas sus obras y todo lo que ha creado Él ha revelado a los justos y elegidos en el nombre del Señor de los Espíritus.

LXII. Juicio de reyes y poderosos: bienaventuranza de los justos

Y así mandó el Señor a los reyes y a los poderosos, y a los exaltados y a los que moran en la Tierra, y dijo: «Abrid vuestros ojos y alzad vuestros cuernos si podéis reconocer al Elegido».

Y el Señor de los Espíritus lo sentó en el trono de su gloria, y el espíritu de justicia se derramó sobre Él, y la palabra de su boca mata a todos los pecadores, y todos los injustos son destruidos de delante de su rostro.

Se levantarán ese día todos los reyes y los poderosos, y los exaltados y los que tienen la Tierra, y verán y reconocerán cómo se sienta en el trono de su gloria, y la justicia es juzgada delante de él, y ninguna palabra mentirosa es pronunciada delante de Él.

Entonces les sobrevendrá dolor como a mujer en el parto, [y tiene dolor al dar a luz], cuando su hijo entre en la boca de la matriz y sufre para dar a luz.

Y una parte de ellos mirará a la otra y estarán aterrorizados, y se abatirán de semblante, y el dolor se apoderará de ellos cuando vean a ese Hijo del Hombre sentado en el trono de su gloria.

Y los reyes y los poderosos y todos los que poseen la Tierra bendecirán y glorificarán y exaltarán al que gobierna, sobre todo, lo que estaba oculto.

Porque desde el principio el Hijo del Hombre estaba escondido, y el Altísimo lo guardó en la presencia de su poder, y lo reveló a los elegidos.

Y se sembrará la congregación de los elegidos y de los santos. Y todos los elegidos estarán delante de Él aquel día.

Y todos los reyes y los poderosos, y los exaltados y los que gobiernan la Tierra caerán delante de Él sobre sus rostros, y adorarán y pondrán su esperanza en ese Hijo del Hombre, y le pedirán y suplicarán misericordia de sus manos.

Sin embargo, ese Señor de los Espíritus los presionará para que se apresuren a salir de su presencia, y sus rostros se llenarán de vergüenza, y la oscuridad se hará más profunda en sus rostros.

Y los entregará a los ángeles como castigo, para ejecutar venganza en ellos porque han oprimido a sus hijos y a sus escogidos.

Y serán espectáculo para los justos y para sus escogidos: se regocijarán por ellos, porque la ira del Señor de los Espíritus reposa sobre ellos, y su espada está ebria con la sangre de ellos.

Y los justos y los elegidos serán salvos en ese día, y nunca en adelante verán el rostro de los pecadores e injustos.

Y el Señor de los Espíritus morará sobre ellos, y con ese Hijo del Hombre comerán, se acostarán y se levantarán por los siglos de los siglos.

Y los justos y los elegidos se levantarán de la tierra, dejarán de ser de semblante abatido y serán revestidos de vestiduras de gloria.

Y estas serán las vestiduras de vida del Señor de los Espíritus: y vuestros vestidos no se envejecerán ni tu gloria pasará ante el Señor de los Espíritus.

LXIII. El arrepentimiento inútil de los reyes y los poderosos

En aquellos días, los poderosos y los reyes que poseen la Tierra implorarán (a Él) que les conceda un pequeño respiro de sus ángeles del castigo a quienes fueron entregados, para que puedan postrarse y adorar al Señor de los Espíritus y confesar sus pecados ante Él.

Y ellos bendecirán y glorificarán al Señor de los Espíritus, y dirán: «Bendito sea el Señor de los Espíritus y el Señor de los Reyes, y el Señor de los Poderosos, y el Señor de los Ricos, y el Señor de la Gloria y el Señor de la Sabiduría, Él ilumina toda cosa secreta.

Tu poder (permanece) de generación en generación, y tu gloria, por los siglos de los siglos. Profundos e innumerables son todos tus secretos, y tu justicia es inconmensurable.

Ahora hemos aprendido que debemos glorificar y bendecir al Señor de Reyes, y al que es rey sobre todos los reyes».

Y dirán: «Ojalá tuviéramos descanso para glorificar y dar gracias ¡y confesar nuestra fe ante su gloria!

Y ahora anhelamos un poco de descanso, pero no lo encontramos. Somos expulsados y no conseguimos nada, y la luz se ha desvanecido ante nosotros, y las tinieblas son nuestra morada por los siglos de los siglos.

Porque no hemos creído delante de Él ni glorificado el nombre del Señor de los Espíritus [ni glorificaron a nuestro Señor], pero nuestra esperanza estaba en el cetro de nuestro reino y en nuestra gloria.

Y en el día de nuestro sufrimiento y tribulación no nos salvará, y no encontramos respiro para la confesión de que nuestro Señor es veraz en todas sus obras, y en sus juicios y su justicia, y sus juicios no hacen acepción de personas.

Y perecemos delante de su rostro a causa de nuestras obras, y todos nuestros pecados son contados en justicia».

Ahora se dirán a sí mismos: «Nuestras almas están llenas de ganancias injustas, pero eso no nos impide descender de en medio de ellas a la carga del Seol».

Y después de eso, sus rostros se llenarán de oscuridad y vergüenza ante aquel Hijo del Hombre, y serán echados de su presencia, y la espada estará delante de su rostro en medio de ellos.

Así habló el Señor de los Espíritus: «Esta es la ordenanza y el juicio a los poderosos y los reyes, y los exaltados y los que poseen la Tierra ante el Señor de los Espíritus».

LXIV. La visión de los ángeles caídos en el lugar del castigo

Y otras formas vi escondidas en ese lugar. Oí la voz del ángel que decía: «Estos son los ángeles que descendieron a la Tierra y revelaron lo que estaba oculto a los hijos de los hombres, y sedujeron a los hijos de los hombres a cometer pecado».

LXV. Enoc predice a Noé el diluvio y su propia preservación

Y en aquellos días Noé vio la Tierra que se había hundido y su destrucción estaba cerca.

Y se levantó de ahí y fue a los confines de la Tierra, y clamó en voz alta a su abuelo Enoc, y Noé dijo tres veces con voz amarga: «Escúchame, escúchame, escúchame».

Y le dije: «Dime, ¿qué es lo que está cayendo sobre la Tierra que está en tan mal estado y sacudida, no sea que acaso perezca yo con ella?».

Y entonces hubo una gran conmoción en la Tierra, y se oyó una voz del Cielo, y caí sobre mi rostro. Y Enoc, mi abuelo, vino y se paró a mi lado, y me dijo: «¿Por qué me has llorado con amargo llanto y lamentaciones?»:

Y ha salido una orden de la presencia del Señor concerniente a los que moran en la Tierra, que su ruina se ha consumado porque han aprendido todos los secretos de los ángeles y toda la violencia de los satanes, y todos sus poderes, los más secretos, y todo el poder de los que practican hechicería, y el poder de la hechicería y el poder de los que hacen imágenes de fundición para toda la Tierra. Y cómo se produce la plata del polvo de la tierra, y cómo el metal blando se origina en la tierra. Porque el plomo y el estaño no se producen primero de la tierra, la tierra es una fuente que los produce, y un ángel se para en ella, y ese ángel es preeminente.

Y después de eso, mi abuelo Enoc me tomó de la mano y me levantó y me dijo: «Ve, porque le he preguntado al Señor de los Espíritus sobre esta conmoción en la Tierra.

Y Él me dijo: "Debido a su injusticia, su juicio ha sido determinado y no será retenido por mí para siempre. A causa de las hechicerías que han investigado y aprendido, la Tierra y los que la habitan serán destruidos".

Y estos no tienen lugar de arrepentimiento para siempre, porque les han mostrado lo que estaba escondido, y son los condenados, pero en cuanto a ti, hijo mío, el Señor de los Espíritus sabe que eres puro y sin culpa de este reproche relativo a los secretos.

Y ha puesto tu nombre entre los santos, y te guardaré entre los que moran en la Tierra, y ha destinado tu simiente justa para reinar y para grandes honores, y de tu descendencia procederá una fuente de justicia y santidad sin número y para siempre».

LXVI. Los ángeles de las aguas ordenaron mantenerlos en jaque

Y después de eso, él me mostró los ángeles del castigo que están preparados para venir y desatar todos los poderes de las aguas que están debajo de la Tierra para traer juicio y destrucción sobre todos los que [permanecen y] moran en la Tierra.

Y el Señor de los Espíritus mandó a los ángeles que salían, que no hicieran subir las aguas, sino que las retuvieran porque esos ángeles estaban sobre los poderes de las aguas. Y me alejé de la presencia de Enoc.

LXVII. La promesa de Dios a Noé: lugares de castigo de los ángeles y los reyes

Y en aquellos días vino a mí la palabra de Dios, y me dijo: «Noé, tu suerte ha subido delante de mí, sin culpa, con mucho amor y rectitud.

Y ahora los ángeles están haciendo un (bosque) de madera, y cuando hayan completado esa tarea, pondré mi mano sobre él y lo preservaré, y saldrá de él la semilla de la vida, y se establecerá un cambio para que la Tierra no quede sin habitantes.

Y haré firme tu descendencia delante de mí, para siempre jamás, y esparciré a los que moran contigo. No quedará sin fruto la faz de la Tierra, sino que será bendito y se multiplicará sobre la Tierra en el nombre del Señor».

Y Él encarcelará a esos ángeles, que han mostrado injusticia, en ese valle ardiente que mi abuelo Enoc me había mostrado anteriormente en el oeste, entre las montañas de oro y plata, y hierro y metal blando y estaño.

Y vi ese valle en el cual hubo una gran convulsión y una convulsión de las aguas.

Y cuando sucedió todo esto, de ese metal fundido ardiente y de la convulsión del mismo en ese lugar, se produjo un olor a azufre, y estaba conectado con esas aguas, y ese valle de los ángeles que se habían extraviado (la humanidad) quemaba debajo de esa tierra.

Y por sus valles corren corrientes de fuego, donde son castigados estos ángeles que habían descarriado a los que moran en la Tierra.

Pero aquellas aguas servirán en esos días para los reyes y los poderosos, y los exaltados y los que moran en la Tierra, para la curación del cuerpo, pero para el castigo del espíritu; ahora su espíritu está lleno de lujuria para que puedan ser castigados en su cuerpo, porque han negado al Señor de los Espíritus y ven su castigo diariamente, y sin embargo no creen en su nombre.

Y en la proporción en que la quemazón de sus cuerpos se vuelva severa, un cambio correspondiente tendrá lugar en su espíritu, por los siglos de los siglos; porque ante el Señor de los Espíritus nadie pronunciará una palabra ociosa.

Porque el juicio vendrá sobre ellos, porque creen en los deseos de su cuerpo y niegan el Espíritu del Señor.

Y esas mismas aguas sufrirán un cambio en aquellos días, porque cuando esos ángeles sean castigados en estas aguas, estas fuentes de agua cambiarán su temperatura, y cuando los ángeles asciendan, esta agua de las fuentes cambiará y se enfriará.

Y oí a Miguel responder y decir: «Este juicio con el cual los ángeles son juzgados es un testimonio para los reyes y los poderosos que poseen la Tierra.

Porque estas aguas de juicio ministran para la sanidad del cuerpo de los reyes y la lujuria de su cuerpo; por tanto, no verán ni creerán que aquellas aguas se cambiarán y se convertirán en un fuego que arde para siempre».

LXVIII. Michael y Rafael asombrados por la severidad del juicio

Y después de eso, mi abuelo Enoc me dio la enseñanza de todos los secretos en el libro de las parábolas que le había sido dado, y él las reunió para mí en las líneas del Libro de las parábolas.

Y en aquel día, Miguel respondió a Rafael y dijo: «El poder del espíritu me transporta y me hace temblar por la severidad del juicio de los secretos, el juicio de los ángeles.

¿Quién puede soportar el severo juicio que ha sido ejecutado, y ante el cual se derriten?».

Y Michael respondió de nuevo, y dijo a Rafael: «¿Quién es aquel cuyo corazón no se ablanda al respecto, y cuyas riendas no están turbadas por esta palabra de juicio (que) ha salido sobre ellos a causa de aquellos que han sido arrojados violentamente así?».

Y sucedió que, cuando estuvo ante el Señor de los Espíritus, Miguel le dijo así a Rafael: «No tomaré su parte bajo la mirada del Señor porque el Señor de los Espíritus se ha enojado con ellos porque hacen como si fueran el Señor.

Por tanto, todo lo que está escondido vendrá sobre ellos por los siglos de los siglos, porque ni el ángel ni el hombre tendrán su parte (en ella), sino que solo ellos han recibido su juicio por los siglos de los siglos».

LXIX. Los nombres y las funciones de los (ángeles caídos y) satanes: el juramento secreto

Y después de este juicio se aterrorizarán y los harán temblar porque han mostrado esto a los que moran en la Tierra.

Y he aquí los nombres de esos ángeles: el primero de ellos es Samjâzâ; el segundo, Artâqîfâ; el tercero, Armên; el cuarto, Kôkabêl; el quinto, Tûrâêl; el sexto, Rûmjâl; el séptimo, Dânjâl; el octavo, Nêqâêl; el noveno, Barâqêl; el décimo, Azâzêl; el undécimo, Armârôs; el duodécimo, Batarjâl; el decimotercero, Busasêjal; el decimocuarto,

Hanânêl; el decimoquinto, Tûrêl; el decimosexto, Simâpêsîêr; el decimoséptimo, Jetlêlâl; el decimoctavo, (Tumael); el decimonoveno, Tûrêl; el vigésimo, Rûmâêl; el vigésimoprimero, Azâzêl.

Y estos son los jefes de sus ángeles y sus nombres, y de sus jefes sobre cien y sobre cincuenta y sobre diez.

El nombre del primero, Jeqon: es decir, el que extravió a [todos] los hijos de Dios y los hizo descender a la Tierra, y los extravió a través de las hijas de los hombres. El segundo se llamaba Asbeel: impartió a los santos hijos de Dios malos consejos y los desvió para que contaminaran sus cuerpos con las hijas de los hombres.

El tercero se llamaba Gadreel: él es quien mostró a los hijos de los hombres todos los golpes de la muerte y descarrió a Eva, y mostró [las armas de muerte a los hijos de los hombres] el escudo y la cota de malla, y espada de guerra y todas las armas de muerte para los hijos de los hombres. Y de su mano han procedido contra los que moran en la Tierra desde aquel día y para siempre.

El cuarto se llamaba Penemue: enseñaba a los hijos de los hombres lo amargo y lo dulce, y les enseñaba todos los secretos de su sabiduría. E instruyó a la humanidad a escribir con tinta y papel, y así muchos pecaron de eternidad en eternidad y hasta el día de hoy.

Porque los hombres no fueron creados para tal propósito, para confirmar su buena fe con pluma y tinta.

Porque los hombres fueron creados exactamente como los ángeles, para que permanecieran puros y justos, y la muerte, que todo lo destruye, no podría haberse apoderado de ellos, sino que por este su conocimiento perecen, y por este poder me está consumiendo.

El quinto se llamaba Kasdeja: este es el que mostró a los hijos de los hombres todos los golpes inicuos de espíritus y demonios, y los golpes del embrión en el útero, para que pase, y [los golpes del alma] las mordeduras de la serpiente, y los golpes que acontecen a través del calor del mediodía, el hijo de la serpiente llamado Tabâêt.

Y esta es la tarea de Kâsbeêl, el jefe del juramento que hizo a los santos cuando moraba en lo alto en gloria, y su nombre es Biqâ.

Este (ángel) le pidió a Miguel que le mostrara el nombre oculto, para que lo enunciara en el juramento, para que temblaran ante ese nombre y juramento que reveló todo lo que estaba en secreto a los hijos de los hombres.

Y este es el poder de este juramento, porque es poderoso y fuerte, y puso este juramento Akae en la mano de Miguel.

Y estos son los secretos de este juramento... Y son fuertes a través de su juramento. Y el Cielo estaba suspendido antes de que el mundo fuera creado para siempre.

Y a través de él, la Tierra fue fundada sobre el agua, y de los rincones secretos de las montañas salen hermosas aguas, desde la creación del mundo y hasta la eternidad.

Y a través de ese juramento se creó el mar, y las secretas profundidades de las montañas se han convertido en bellas aguas, desde la creación del mundo hasta toda la eternidad.

Y por ese juramento se afianzan las profundidades, y permanecen y no se mueven de su lugar de eternidad en eternidad.

Y por ese juramento, el Sol y la Luna completan su curso, y no se desvían de su ordenanza de eternidad en eternidad.

Y por ese juramento, las estrellas completan su curso, y Él las llama por sus nombres, y ellos le responden de eternidad en eternidad.

[Y de la misma manera, los espíritus del agua y de los vientos, y de todos los céfiros, y (sus) caminos de todas las direcciones de los vientos. Y se conservan las voces de los truenos y la luz de los relámpagos; y se conservan las cámaras del granizo y las cámaras de la escarcha, y las cámaras de la niebla y las cámaras de la lluvia y el rocío.

Y todos estos creen y dan gracias ante el Señor de los Espíritus, y (lo) glorifican con todo su poder, y su alimento está en cada acto de acción de gracias. Dan gracias y glorifican y exaltan el nombre del Señor de los Espíritus para siempre y por siempre.

Y este juramento es poderoso sobre ellos, y a través de él [se conservan y] se conservan sus caminos y así su curso no es destruido.

Y hubo gran alegría entre ellos, bendijeron y glorificaron y ensalzaron porque les había sido revelado el nombre de aquel Hijo del Hombre. Y se sentó en el trono de su gloria, y la suma del juicio fue dada al Hijo del Hombre e hizo que los pecadores perecieran y fueran destruidos de sobre la faz de la Tierra.

Con cadenas serán atados, y en su lugar de reunión de destrucción serán encarcelados, y todas sus obras se desvanecerán de la faz de la Tierra.

Y de ahora en adelante no habrá nada corruptible, porque ese Hijo del Hombre ha aparecido, y se ha sentado en el trono de su gloria, y todo mal pasará delante de su rostro, y saldrá la palabra de aquel Hijo del Hombre y permanecerá fuerte ante el Señor de los Espíritus. Esta es la tercera parábola de Enoc.

LXX. La traducción final de Enoc

Y sucedió después de esto que su nombre, durante su vida, fue elevado en alto cerca a ese Hijo del Hombre y al Señor de los Espíritus de entre los que moran en la Tierra.

Y él fue elevado en los carros del espíritu y su nombre se desvaneció entre ellos.

Y desde aquel día ya no fui contado entre ellos, y el Dios me puso entre los dos vientos, entre el norte y el oeste, donde los ángeles tomaron las cuerdas para medir para mí el lugar de los escogidos y justos.

Y allí vi a los primeros padres y a los justos que desde el principio moran en ese lugar.

LXXI. Las dos visiones de Enoc

Y aconteció después de esto que mi espíritu fue trasladado y subió a los cielos: y vi a los santos hijos de Dios. Estaban pisando llamas de fuego. Sus vestidos eran blancos [y sus vestidos] y sus caras brillaban como la nieve.

Y vi dos corrientes de fuego, la luz de ese fuego brillaba como un jacinto y caí sobre mi rostro ante el Señor de los Espíritus.

Y el ángel Miguel [uno de los arcángeles] me tomó de la mano derecha y me levantó, y me condujo a todos los secretos y me mostró todos los secretos de la justicia. Me mostró todos los secretos de los confines del Cielo, y todas las cámaras de todas las estrellas y todas las luminarias, de donde proceden ante la presencia de todos los santos.

Y trasladó mi espíritu al Cielo de los cielos, y vi allí como una casa construida de cristales, y entre esos cristales, lenguas de fuego vivo.

Y mi espíritu vio el cinto que ceñía aquella casa de fuego, y a sus cuatro lados había arroyos llenos de fuego vivo que también ciñeron esa casa.

Y alrededor estaban Serafín, Querubín y Ofannin: estos son los que no duermen y guardan el trono de su gloria.

Y vi ángeles que no se podían contar, mil de miles, y diez mil veces diez mil, rodeando esa casa, y Miguel, Rafael, Gabriel, Fanuel y los santos ángeles que están sobre los cielos. Y salieron de aquella casa Miguel y Gabriel, Rafael y Fanuel, y muchos santos ángeles sin número.

Y con ellos la Cabeza de los Días, su cabeza blanca y pura como la lana, y su vestidura indescriptible.

Y caí sobre mi rostro, y todo mi cuerpo se relajó, y mi espíritu se transfiguró. Y clamé a gran voz... con el espíritu de poder bendito, glorificado y ensalzado.

Y estas bendiciones que salieron de mi boca fueron muy agradables ante esa Cabeza de los Días.

Y esa Cabeza de los Días vino con Miguel y Gabriel, Rafael y Fanuel, miles y diez mil ángeles innumerables.

[Pasaje perdido en el que se describe al Hijo del Hombre acompañando a la Cabeza de los Días, y Enoc le pregunta a uno de los ángeles concerniente al Hijo del Hombre en cuanto a quién era].

Y él (es decir, el Dios) vino a mí y me saludó con su voz, y me dijo: «Este es el Hijo del Hombre que ha nacido para la justicia, y la justicia permanece sobre él, y la justicia de la Cabeza de los Días no lo abandona».

Y me dijo: «Él te proclama la paz en nombre del mundo venidero porque de aquí ha procedido la paz desde la creación del mundo, y así será contigo por los siglos de los siglos.

Y todos caminarán por sus caminos, ya que la justicia nunca lo abandona. Con Él estarán sus habitaciones, y con Él, su heredad, y no se separarán de él por los siglos de los siglos.

Y así serán largos los días de aquel Hijo del Hombre, y los justos tendrán paz y un camino recto en el nombre del Señor de los Espíritus por los siglos de los siglos.

SECCIÓN 3

EL LIBRO DEL CAMBIO DE LAS LUMINARIAS CELESTIALES

(LXXII-LXXXII)

LXXII. El sol

El libro de los cursos de las luminarias del Cielo, las relaciones de cada una, según sus clases, su dominio y sus estaciones, según sus nombres y lugares de origen y según sus meses, que Uriel, el santo ángel que estaba conmigo, que es su guía, me mostró; y me mostró todas sus leyes exactamente como son, y cómo son con respecto a todos los años del mundo y hasta la eternidad, hasta que se consuma la nueva creación que dura hasta la eternidad.

Y esta es la primera ley de las luminarias: la luminaria el Sol tiene su salida en los portales orientales del Cielo, y su puesta en los portales occidentales del Cielo.

Y vi seis portales en los cuales sale el sol, y seis portales en los cuales el sol se pone; y la luna sale y se pone en estos portales, y los líderes de las estrellas y aquellos a quienes conducen, seis en el oriente y seis en el oeste, y todos seguidos unos a otros en un orden exactamente correspondiente; también muchas ventanas a la derecha e izquierda de estos portales.

Y primero sale la gran luminaria, llamada el Sol, y su circunferencia es como la circunferencia del Cielo, y está completamente lleno de fuego que ilumina y calienta.

El carro en el que asciende lo impulsa el viento, y el sol desciende del Cielo y regresa por el norte para llegar al este, y es guiado de tal manera que llega al portal apropiado (*lit.* 'ese') y brilla en la faz del Cielo. De esta manera se levanta en el primer mes en el gran portal, que es el cuarto [de esos seis portales en el este].

Y en ese cuarto portal de donde sale el sol en el primer mes hay doce ventanas abiertas, de las cuales sale una llama cuando se abren a su tiempo.

Cuando el Sol sale en el Cielo, sale por ese cuarto portal (durante) treinta mañanas seguidas, y se pone exactamente en el cuarto portal al oeste del Cielo. Y durante este período el día se alarga cada día y la noche se acorta hasta la trigésima mañana.

En ese día, el día es más largo que la noche en una novena parte, y el día equivale exactamente a diez partes, y la noche, a ocho partes.

Y el sol sale de ese cuarto portal, se pone en el cuarto y regresa al quinto portal del este (durante) treinta mañanas, y sale de él y se pone en el quinto portal.

Y entonces el día se alarga en dos partes y asciende a once partes, y la noche se acorta y asciende a siete partes.

Y vuelve al oriente y entra por la sexta puerta, y sale y se pone en la sexta puerta treinta y una mañanas a causa de su señal.

En ese día, el día se vuelve más largo que la noche, y el día se vuelve el doble de la noche, el día se vuelve doce partes y la noche se acorta y se vuelve seis partes.

Y el sol sube para acortar el día y alargar la noche, y el sol vuelve al oriente y entra por la sexta puerta y sale por ella, y se pone (durante) treinta mañanas.

Y cuando se cumplen las treinta mañanas, el día disminuye exactamente en una parte, y se convierte en once partes, y la noche, en siete.

Y el sol sale de ese sexto portal en el oeste, y va hacia el este y sale en el quinto portal durante treinta mañanas, y se pone en el oeste de nuevo en el quinto portal occidental.

En ese día, el día disminuye en dos partes, y asciende a diez partes, y la noche, a ocho partes.

Y el sol sale de ese quinto portal y se pone en el quinto portal del oeste, y sale en el cuarto portal durante treinta y una mañanas a causa de su signo, y se pone en el oeste.

En ese día, el día se iguala con la noche [y adquiere la misma duración], y la noche asciende a nueve partes, y el día, a nueve partes.

Y el sol sale de ese portal y se pone en el oeste, y vuelve al este y sale treinta mañanas en el tercer portal y se pone en el oeste en el tercer portal.

Y en ese día, la noche se hace más larga que el día, y la noche se hace más larga que la noche, y el día, más corto que el día hasta la trigésima mañana, y la noche asciende exactamente a diez partes, y el día, a ocho partes.

Y el sol sale de ese tercer portal y se pone en el tercer portal en el oeste y regresa al este, y durante treinta mañanas sale en el segundo portal en el este, y de la misma manera se pone en el segundo portal en el oeste del Cielo.

Y en ese día, la noche asciende a once partes, y el día, a siete partes.

Y el sol sale en ese día desde ese segundo portal y se pone en el oeste en el segundo portal, y regresa al este en el primer portal por treinta y una mañanas, y se pone en el primer portal en el oeste del Cielo.

Y en ese día, la noche se alarga y asciende al doble del día, y la noche asciende exactamente a doce partes, y el día, a seis.

Y el sol (con ello) ha atravesado las divisiones de su órbita y gira de nuevo sobre esas divisiones de su órbita, y entra en ese portal treinta mañanas y se pone también en el oeste opuesto a él.

Y en esa noche, la noche ha disminuido su longitud en una novena parte, y la noche se ha convertido en once partes, y el día, en siete partes.

Y el sol ha regresado y entrado en el segundo portal en el este, y regresa sobre esas sus divisiones de su órbita durante treinta mañanas, saliendo y poniéndose.

Y en ese día, la noche disminuye en longitud, y la noche asciende a diez partes, y el día, a ocho.

Y en ese día el sol sale de ese portal, y se pone en el oeste, y regresa al este, y sale en el tercer portal durante treinta y una mañanas, y se pone en el oeste del Cielo.

En ese día, la noche decrece y asciende a nueve partes, y el día, a nueve partes, y la noche es igual al día y el año es exactamente como sus días, trescientos sesenta y cuatro.

Y surgen la longitud del día y de la noche, y la brevedad del día y de la noche; a través del curso del sol, se hacen estas distinciones (*lit.* 'están separados').

Así sucede que su curso se hace cada día más largo, y su curso de cada noche, más corto.

Y esta es la ley, y el curso del sol y su regreso, tantas veces como él regresa, sesenta veces él regresa y sale, esa es la gran luminaria que se llama el Sol, por los siglos de los siglos.

Y lo que (así) se eleva es la gran luminaria, y se llama así según su apariencia, según lo ordenó el Señor.

Tal como él asciende, así se pone y no decrece ni descansa, sino que corre de día y de noche, y su luz es siete veces más brillante que la de la luna, pero en cuanto al tamaño, ambos son iguales.

LXXIII. La luna y sus fases

Y después de esta ley, vi otra ley que trata de la lumbrera más pequeña, que se llama Luna.

Y su circunferencia es como la circunferencia del Cielo, y el carro en el que viaja es impulsado por el viento, y se le da luz en (definida) medida.

Y su salida y puesta cambian cada mes, sus días son como los días del sol, y cuando su luz es uniforme (es decir, plena), equivale a la séptima parte de la luz del sol.

Y así se levanta. Y su primera fase en el oriente sale en la trigésima mañana, y en ese día se hace visible, y constituye para nosotros la primera fase de la luna en el trigésimo día junto con el sol en el portal donde sale el sol.

Y la mitad de ella sale por una séptima parte, y toda su circunferencia está vacía, sin luz, con la excepción de una séptima parte de ella, (y) la catorceava parte de su luz.

Y cuando recibe la séptima parte de la mitad de su luz, su luz asciende a la séptima parte y la mitad de ella.

Ella se pone con el sol, y cuando sale el sol, la luna sale con él y recibe la mitad de una parte de luz, y en esa noche al comienzo de su mañana [al comienzo del día lunar], la luna se pone con el sol, y es invisible en la noche con las catorce partes y la mitad de una de ellas.

Y ella sale con exactamente una séptima parte, y se aleja de la salida del sol, y en sus días restantes se vuelve brillante en las (restantes) trece partes.

LXXIV. El año lunar

Y vi otro curso, una ley para ella, (y) cómo según esa ley se hace la revolución mensual.

Y Uriel, el santo ángel que es el líder de todos ellos, me mostró sus posiciones, y las anoté como él me las mostró, y anoté sus meses como eran, y la aparición de sus luces hasta que se cumplieron quince días.

En una sola séptima parte realiza toda su luz en el este, y en una sola séptima parte realiza toda su oscuridad en el oeste. Y en ciertos meses ella altera su configuración, y en ciertos meses sigue su propio curso peculiar. En dos meses la luna se pone con el sol: en esos dos portales que están en el medio de la tercera y cuarta parte.

Ella sale durante siete días, y da la vuelta y vuelve por el portal donde sale el sol, y realiza toda su luz, se aleja del sol, y en ocho días entra en el sexto portal por donde sale el sol.

Y cuando el sol sale por la cuarta puerta, sale siete días, hasta que sale por la quinta y vuelve a los siete días a la cuarta puerta y cumple toda su luz (luna llena), retrocede y entra en la primera puerta por ocho días.

Y ella vuelve de nuevo en siete días en el cuarto portal de donde sale el sol.

Así vi su posición, cómo salían las lunas y se ponía el sol en aquellos días.

Y si se suman cinco años, al sol le sobran treinta días, y todos los días que le corresponden por uno de esos cinco años, cuando están llenos, suman trescientos sesenta y cuatro días.

Y el excedente del sol y de las estrellas asciende a seis días: en cinco años, seis días llegan a treinta días: y la luna se queda atrás del sol y de las estrellas, al número de treinta días.

Y el sol y las estrellas cuentan todos los años exactamente, de modo que no adelantan ni retrasan su posición en un solo día a la eternidad, pero completan los años con perfecta justicia en trescientos sesenta y cuatro días.

En tres años hay mil noventa y dos días, y en cinco años, mil ochocientos veinte días, de modo que en ocho años hay dos mil novecientos doce días.

Solo para la luna los días suman en tres años a mil sesenta y dos días, y en cinco años se atrasa cincuenta días, es decir, a la suma de mil setecientos setenta hay que agregar mil y sesenta y dos días.

Y en cinco años hay mil setecientos setenta días, por lo que para la luna los días en ocho años suman dos mil ochocientos treinta y dos días.

[Porque en ocho años se atrasa en la cantidad de ochenta días], todos los días que se atrasa en ocho años son ochenta.

Y el año se completa con precisión de conformidad con sus estaciones mundiales y las estaciones del sol, que salen de los portales a través de los cuales (el sol) sale y se pone treinta días.

LXXV. Los días intercalados

Y los líderes de las cabezas de los miles, que están puestos sobre toda la creación y sobre todas las estrellas, también tienen que ver con los cuatro días intercalados, siendo inseparables de su oficio, según el cómputo del año, y estos prestan servicio en los cuatro días que no se cuentan en el cómputo del año.

Y debido a ellos, los hombres se equivocan en esto, porque esas luminarias realmente prestan servicio en las estaciones del mundo, una en el primer portal, una en el tercer portal, una en el cuarto portal y una en el sexto portal. Y la exactitud del año se logra a través de sus trescientas sesenta y cuatro estaciones separadas.

Porque las señales y los tiempos y los años y los días me mostró el ángel Uriel, a quien el Señor de la Gloria ha puesto para siempre sobre todas las luminarias de los cielos, en el Cielo y en el mundo, para que gobiernen sobre la faz del Cielo y sean vistas sobre la Tierra, y sean guías para el día y la noche, es decir, el Sol, la Luna y las estrellas, y todas las criaturas ministras que hacen su revolución en todos los carros del Cielo. De la misma manera, Uriel me mostró doce puertas abiertas en la circunferencia del carro del Sol en el Cielo, a través de las cuales salen los rayos del sol, y de ellas se difunde el calor sobre la Tierra, cuando se abren en su lugar señalado.

[Y para los vientos y el espíritu del rocío cuando se abren, permaneciendo abiertos en los cielos en los extremos].

En cuanto a los doce portales en el Cielo, en los extremos de la Tierra, de los cuales salen el Sol, la Luna y las estrellas, y todas las obras del Cielo en el este y en el oeste; hay muchas ventanas abiertas a la izquierda y a la derecha de ellas, y una ventana en su (señalada) estación produce calor, correspondientes (como estas hacen) a aquellas puertas de las cuales salen las estrellas según Él les ha mandado, y en las que se colocan de acuerdo con su número.

Y vi carros en el Cielo, corriendo en el mundo, sobre esos portales en los que giran las estrellas que nunca se ponen.

Y uno es más grande que todos los demás, y es el que hace su curso a través del mundo entero.

LXXVI. Los doce vientos y sus portales

Y en los confines de la Tierra vi doce portales abiertos a todos los rincones (del Cielo), de los cuales salen los vientos y soplan sobre la Tierra.

Tres de ellos están abiertos en la cara (es decir, el este) de los cielos, y tres en el oeste. Tres a la derecha (es decir, el sur) del Cielo, y tres a la izquierda (es decir, el norte). Y los tres primeros son los del este, y tres son del norte, y tres [después de los de la izquierda] del sur, y tres del oeste.

A través de cuatro de estos vienen vientos de bendición y prosperidad, y de esos ocho vienen vientos dañinos, cuando son enviados, traen destrucción sobre toda la Tierra y sobre el agua que está sobre ella, y a todos los que moran en ella, y a todo lo que está en el agua y en la tierra.

Y el primer viento de esos portales, llamado viento del este, sale por el primer portal que está en el este, inclinado hacia el sur, de él salen desolación, sequía, calor y destrucción.

Y a través del segundo portal en el medio viene lo que conviene, y de ahí viene la lluvia y la fecundidad y la prosperidad y el rocío; y por el tercer portal que está hacia el norte vienen el frío y la sequía.

Y después de estos salen los vientos del sur a través de tres portales, del primer portal de ellos, que se inclina hacia el este, sale un viento caliente.

Y a través del portal central salen olores fragantes, y rocío y lluvia, y prosperidad y salud.

Y a través del tercer portal que está al oeste, sale rocío y lluvia, langostas y desolación.

Y después de estos, los vientos del norte de la séptima puerta en el oriente vienen con rocío y lluvia, langostas y desolación.

Y desde el portal del medio vienen en dirección directa, salud, lluvia, rocío y prosperidad; y por el tercer portal en el oeste vienen nubes y escarcha, y nieve y lluvia, y rocío y langostas.

Y después de estos [cuatro], son los vientos del oeste, a través del primer portal contiguo al norte sale rocío y escarcha, y frío y nieve y escarcha.

Y del portal medio sale rocío y lluvia, y prosperidad y bendición; y por la última puerta que está junto al sur, salen sequía y desolación, quema y destrucción.

Y los doce portales de las cuatro partes del Cielo están terminados, y todas sus leyes y todas sus plagas y todos sus beneficios te he mostrado a ti, mi hijo Matusalén.

LXXVII. Los cuatro cuartos del mundo: las siete montañas, los siete ríos, etc.

Y el primer cuartel se llama oriente, porque es el primero; y el segundo, el sur, porque el Altísimo descenderá allí, sí, allí en un sentido muy especial descenderá el Altísimo que es bendito por los siglos.

Y el cuartel occidental se llama el disminuido, porque allí todas las luminarias del Cielo menguan y descienden.

Y el cuarto cuartel, llamado el norte, se divide en tres partes: la primera de ellas es para la morada de los hombres, la segunda contiene mares de agua, abismos, bosques, ríos, oscuridad y nubes; y la tercera parte contiene el jardín de justicia.

Vi siete montes altos, más altos que todos los montes que hay sobre la Tierra; y de ahí sale la escarcha, y pasan los días, las estaciones y los años.

Vi siete ríos en la Tierra más grandes que todos los ríos, uno de ellos que viene del oeste vierte sus aguas en el Gran Mar.

Y otros dos vienen del norte al mar y vierten sus aguas en el mar Eritreo en el este.

Y los cuatro restantes salen del lado del norte a su propio mar, dos de ellos al mar Eritreo, y dos al mar Grande, y se descargan ahí [y algunos dicen: al desierto].

Siete grandes islas vi en el mar y en el continente: dos en el continente y cinco en el Gran Mar.

LXXVIII. El sol y la luna: la luna creciente y menguante

Y los nombres del sol son los siguientes: el primero, Orjares, y el segundo, Tomás.

Y la luna tiene cuatro nombres: el primer nombre es Asônjâ; el segundo, Eblâ; el tercero, Benâsê; y el cuarto, Erâe.

Estas son las dos grandes luminarias: su circunferencia es como la circunferencia del Cielo, y el tamaño de la circunferencia de ambas es similar.

En la circunferencia del sol hay siete pares de luz que se le añaden más a la luna, y en medidas definidas se transfiere hasta que se agota la séptima porción del sol.

Y se asientan y entran por los portales del oeste, y hacen su revolución por el norte, y salen por los portales del este sobre la faz del Cielo.

Y cuando la luna sale, una catorceava parte aparece en el Cielo: [la luz se llena en ella] en el decimocuarto día ella logra su luz.

Y se le transfieren quince partes de luz hasta el día quince (cuando) su luz se completa, según el signo del año, y se convierte en quince partes, y la luna crece en (la suma de) catorce partes.

Y en su menguante (la luna) disminuye en el primer día a catorce partes de su luz; en el segundo, a trece partes de luz; en el tercero, a doce; en el cuarto, a once; en el quinto, a diez; en el sexto, a nueve; en el séptimo, a ocho; en el octavo, a siete; en el noveno, a seis; en el décimo, a cinco; en el undécimo, a cuatro; en el duodécimo, a tres; en el decimotercero, a dos; en el decimocuarto, a la mitad de un séptimo, y toda su luz restante desaparece por completo en el decimoquinto.

Y en ciertos meses el mes tiene veintinueve días y una vez veintiocho.

Y Uriel me mostró otra ley: cuándo la luz se transfiere a la luna, y de qué lado se la transfiere el sol.

Durante todo el período durante el cual la luna está creciendo en su luz, ella se la está transfiriendo cuando está opuesta al sol durante catorce días [su luz se cumple en el cielo], y cuando está iluminada por completo, su luz es realizada plenamente en el Cielo.

Y en el primer día ella es llamada la luna nueva, porque en ese día la luz se levanta sobre ella. Ella se convierte en luna llena exactamente el día en el que el sol se pone por el oeste, y desde el este sale por la noche, y la luna brilla toda la noche hasta que el sol sale frente a ella, y la luna se ve frente al sol. En el lado de donde sale la luz de la luna, allí de nuevo mengua hasta que toda la luz se desvanece y todos los días del mes llegan a su fin, y su circunferencia está vacía, sin luz.

Y hace tres meses de treinta días, y en su tiempo hace tres meses de veintinueve días cada uno, en los cuales cumple su menguante en el primer tiempo, y en la primera puerta por ciento setenta y siete días.

Y en el tiempo de su salida ella aparece por tres meses (de) treinta días cada uno, y durante tres meses ella aparece (de) veintinueve (días) cada uno.

De noche aparece, como un hombre, durante veinte días cada vez, y de día aparece como el Cielo, y no hay nada más en ella que su luz.

LXXIX. La recapitulación de varias de las leyes

Y ahora, hijo mío, te he mostrado todo, y la ley de todas las estrellas del Cielo se ha cumplido.

Y me mostró todas las leyes de estos para cada día, y para cada estación de la regla, y para cada año y para su salida, y para el orden prescrito para cada mes y cada semana; y el menguante de la luna que tiene lugar en el sexto portal, porque en este sexto portal su luz se cumple, y después de eso está el comienzo del menguante. Y el menguante tiene lugar en el primer portal en su temporada, hasta que se cumplan ciento setenta y siete días, o contados por semanas, veinticinco (semanas) y dos días. Ella cae detrás del sol y el orden de las estrellas exactamente cinco días en el curso de un período, que perfecto es este lugar que ha sido atravesado. Tal es el cuadro y esquema de cada lumbrera que me mostró el arcángel Uriel, que es su guía.

LXXX. Perversión de la naturaleza y de los cuerpos celestes debido al pecado del hombre

Y en aquellos días el ángel Uriel respondió y me dijo: «He aquí, te he mostrado todo, Enoc, y te he revelado todo para que veas este sol y esta luna, y los líderes de las estrellas del Cielo y todos los que los giran, sus tareas y tiempos y salidas.

Y en los días de los pecadores los años serán acortados, y su simiente será tardía en sus tierras y campos, y todas las cosas en la Tierra se alterarán, y no aparecerá en su tiempo. Y la lluvia se detendrá y el Cielo la retendrá.

Y en aquellos tiempos los frutos de la Tierra serán al revés, y no crecerán en su tiempo, y los frutos de los árboles serán retenidos en su tiempo.

Y la luna alterará su orden y no aparecerá en su momento.

[Y en esos días se verá el sol y viajará por la tarde en el extremo del gran carro, en el oeste]. Y brillará más intensamente de lo que corresponde al orden de la luz.

Y muchos jefes de las estrellas transgredirán el orden (prescrito). Y estos alterarán sus órbitas y tareas, y no aparecerán en los tiempos prescritos para ellos.

Y todo el orden de las estrellas se ocultará a los pecadores, y los pensamientos de los que están en la Tierra se desviarán acerca de ellos [y serán mudados de todos sus caminos]. Sí, se equivocarán y los tomarán por dioses.

Y el mal se multiplicará sobre ellos, y el castigo vendrá sobre ellos para destruir todo».

LXXXI. Las tablas celestiales y la misión de Enoc

Y me dijo: «Observa, Enoc, estas tablas celestiales y lee lo que está escrito en ellas, y marca cada hecho individual».

Y observé las tablas celestiales, y leí todo lo que estaba escrito (en ellas) y entendí todo. Leí el libro de todas las obras de la humanidad, y de todos los hijos de la carne que estarán sobre la Tierra hasta las generaciones más remotas.

Y luego bendije al Gran Señor, el Rey de la Gloria para siempre, porque Él ha hecho todas las obras del mundo; y alabé al Señor por su paciencia, y lo bendije a causa de los hijos de los hombres.

Y después de eso dije: «Bienaventurado el varón que muere en justicia y bondad, (y contra) el cual no hay libro de iniquidad escrito, y contra el cual no se hallará día de juicio».

Y esos siete santos me trajeron y me colocaron en la Tierra delante de la puerta de mi casa, y me dijeron: «Declara todo a tu hijo Matusalén, y muestra a todos tus hijos que ninguna carne es justa a la vista del Señor, porque Él es su Creador.

Un año te dejaremos con tu hijo, hasta que des tus (últimos) mandamientos, para que puedas enseñar a tus hijos y registrarlos, y testificar a todos tus hijos; y en el segundo año te quitarán de en medio de ellos.

Que tu corazón sea fuerte, porque los buenos anunciarán justicia a los buenos; el justo con el justo se regocijará, y se felicitarán los unos a los otros.

Pero los pecadores morirán con los pecadores, y el apóstata desciende con el apóstata.

Y los que practican la justicia morirán a causa de las obras de los hombres, y serán reunidos a causa de las obras de los impíos.

Y en aquellos días dejaron de hablarme y vine a mi pueblo, bendiciendo al Señor del Mundo».

LXXXII. El encargo dado a Enoc
Los cuatro días intercalares: las estrellas que guían las estaciones y los meses

Y ahora, hijo mío Matusalén, todas estas cosas te estoy contando y escribiendo para ti, y te he revelado todo, y te he dado libros acerca de todo esto: así preserva, hijo mío Matusalén, los libros de la mano del padre, y (mira) que tú los entregues a las generaciones del mundo. Te he dado sabiduría a ti y a tus hijos [y tus hijos que vendrán] para que la den a sus hijos por generaciones, esta sabiduría (es decir) que sobrepasa su pensamiento.

Y los que la entiendan no dormirán, sino que escucharán con el oído para que aprendan esta sabiduría, y a los que la coman les agradará más que una buena comida.

Bienaventurados todos los justos, bienaventurados todos los que andan por el camino de la justicia y no pecan como los pecadores, en el cómputo de todos sus días en que el sol atraviesa el Cielo, entrando y saliendo por los portales durante treinta días con las cabezas de millares del orden de las estrellas, junto con los cuatro que se intercalan que dividen las cuatro porciones del año, que los conducen y entran con ellos cuatro días.

Debido a ellos, los hombres serán culpables y no los tendrán en cuenta en todo el cómputo del año, sí, los hombres serán culpables y no los reconocerán con precisión. Porque pertenecen al cómputo del año y verdaderamente están registrados (allí) para siempre, uno en el primer portal, uno en el tercero, uno en el cuarto y uno en el sexto, y el año se completa en trescientos sesenta y cuatro días.

Y verdadera es su palabra, y exacto el cómputo registrado; porque las luminarias, los meses, las fiestas, los años y los días me las ha mostrado y revelado Uriel, a quien el Señor de Toda la Creación del Mundo ha sometido las huestes de los cielos.

Y él tiene poder sobre la noche y el día en el Cielo para hacer que la luz alumbre a los hombres: el Sol, la Luna y las estrellas, y todos los poderes del Cielo que giran en sus carros circulares.

Y tales son las órdenes de las estrellas, que se ponen en sus lugares, en sus estaciones, en sus festivales y meses.

Y estos son los nombres de los que las conducen, que velan para que entren en sus tiempos, en sus órdenes, en sus estaciones, en sus meses, en sus períodos de dominio y en sus posiciones.

Sus cuatro líderes que dividen las cuatro partes del año entran primero; y después de ellos los doce líderes de las órdenes que dividen los meses; y para los trescientos sesenta (días) hay cabezas sobre millares que dividen los días; y para los cuatro días intercalados están los líderes que dividen las cuatro partes del año.

Y estas cabezas sobre miles se intercalan entre líder y líder, cada uno detrás de una estación, pero sus líderes hacen la división.

Y estos son los nombres de los líderes que dividen las cuatro partes del año que se ordenan: Mîlkî'êl, Hel'emmêlêk, Mêl'êjal, y Nârêl. Y los nombres de aquellos que los dirigen: Adnâr'êl, Îjâsûsa'êl y 'Elômê'êlestos, tres siguen a los líderes de las órdenes, y hay uno que sigue a los tres líderes de las órdenes que siguen a esos líderes de estaciones que dividen las cuatro partes del año.

En el comienzo del año Melkejâl se levanta primero y gobierna, quien se llama Tam'âinî y Sol, y todos los días de su dominio mientras gobierna son noventa y un días.

Y estas son las señales de los días que se verán en la Tierra en los días de su dominio: sudor, calor y calma; y todos los árboles dan fruto, y se producen hojas en todos los árboles, y la cosecha de trigo, y las rosas, y todas las flores que brotan en el campo, pero los árboles de la estación del invierno se marchitan.

Y estos son los nombres de los líderes que están debajo de ellos: Berka'êl, Zêlebs'êl y otro que es añadido, una cabeza de mil, llamado Hîlujâseph, y los días del dominio de este líder están al final.

El próximo líder después de él es Hel'emmêlêk, a quien uno llama el Sol brillante, y todos los días de su luz son noventa y un días.

Y estas son las señales de (estos) días sobre la Tierra: calor resplandeciente y sequedad, los árboles (que) maduran sus frutos y producen todos sus frutos listos, las ovejas se aparean y quedan preñadas, todos los frutos de la Tierra se recogen, y todo lo que está en los campos, y el lagar: estas cosas suceden en los días de su dominio.

Estos son los nombres, y las órdenes, y los líderes de aquellas cabezas de mil: Gîdâ'ijal, Kê'êl y Hê'êl, y el nombre de la cabeza de mil que se les añade, Asfâ'êl, y los días de su dominio han llegado a su fin.

SECCIÓN 4

LAS VISIONES ONÍRICAS

(LXXXIII-XC)

LXXXIII. Primera visión onírica de Enoc

Y ahora, hijo mío Matusalén, te mostraré todas las visiones que he visto, contándolas delante de ti.

Dos visiones vi antes de tomar esposa, y la una era muy diferente de la otra: la primera cuando estaba aprendiendo a escribir y la segunda antes de tomar a tu madre, (cuando) vi una visión terrible. Y acerca de ello oré al Señor.

Me había acostado en la casa de mi abuelo Mahalaleel, (cuando) vi en una visión cómo el Cielo se derrumbaba y se desprendía y caía sobre la Tierra.

Y cuando cayó a tierra, vi cómo la Tierra se tragaba en un gran abismo, y las montañas estaban suspendidas sobre las montañas, y las colinas se hundían sobre las colinas, y los árboles altos se partían de sus tallos y se desplomaban y se hundían en el abismo.

Y entonces una palabra cayó en mi boca, y levanté (mi voz) para gritar, y dije: «La Tierra está destruida». Y mi abuelo Mahalaleel me despertó mientras estaba acostado cerca de él, y me dijo: «¿Por qué lloras así, hijo mío, y por qué haces tal lamentación?».

Y le conté toda la visión que había visto, y él me dijo: «Una cosa terrible has visto, hijo mío, y de grave momento es tu visión en sueños en cuanto a los secretos de todo el pecado de la Tierra: debe hundirse en el abismo y ser destruida con una gran destrucción.

Y ahora, hijo mío, levántate y pide al Señor de la Gloria, ya que eres un creyente, que quede un remanente en la Tierra, y que Él no destruya toda la Tierra.

Hijo mío, del cielo todo esto vendrá sobre la Tierra, y sobre la Tierra habrá gran destrucción.

Después de eso me levanté y oré, e imploré y supliqué, y escribí mi oración por las generaciones del mundo, y te lo mostraré todo, mi hijo Matusalén.

Y cuando salí abajo y vi el Cielo, y el sol salir por el este, y la luna ponerse por el oeste, y algunas estrellas, y toda la Tierra, y todo como Él lo había conocido en el principio, entonces bendije al Señor del Juicio y lo alabé porque había hecho salir el sol por las ventanas del oriente, y ascendió y se levantó sobre la faz de los cielos, y se puso en marcha y siguió recorriendo el camino mostrado a Él.

LXXXIV. Enoc pide a Dios que no aniquile su posteridad

Y levanté mis manos en justicia y bendije al Santo y Grande, y hablé con el aliento de mi boca, y con la lengua de carne que Dios ha hecho para los hijos de la carne de los hombres, para hablar con ella, y les dio aliento, lengua y boca para que hablaran con ella.

«Bendito seas, ¡oh, Señor!, Rey, grande y poderoso en tu grandeza, Señor de toda la creación de los cielos, Rey de reyes y Dios del mundo entero. Y tu poder, tu realeza y tu grandeza permanecen por los siglos de los siglos, y por todas las generaciones tu dominio; y todos los cielos son tu trono para siempre, y toda la Tierra, el estrado de tus pies por los siglos de los siglos.

Porque tú hiciste y gobiernas todas las cosas, y nada es demasiado difícil para ti, la sabiduría no se aparta del lugar de tu trono ni se aparta de tu presencia. Y tú sabes y ves y oyes todo, y no hay nada escondido de ti [porque tú lo ves todo].

Y ahora los ángeles de tus cielos son culpables de transgresión, y sobre la carne de los hombres permanece tu ira hasta el gran día del juicio.

Y ahora, ¡oh, Dios y Señor! y Gran Rey, te imploro y te suplico que cumplas mi oración, para dejarme una posteridad en la Tierra y no destruir toda la carne del hombre, y (no) dejar la Tierra sin habitantes, para que haya una destrucción eterna.

Y ahora, mi Señor, destruye de la Tierra la carne que ha despertado tu ira, pero la carne de justicia y rectitud se establece como una planta de la semilla eterna, y no escondas tu rostro de la oración de tu siervo, ¡oh, Señor!

LXXXV. Segunda visión onírica de Enoc

Y después de esto vi otro sueño, y te mostraré todo el sueño, hijo mío.

Y Enoc alzó su voz y habló a su hijo Matusalén: «A ti, hijo mío, te hablaré, escucha mis palabras, inclina tu oído a la visión del sueño de tu padre. Antes de tomar a tu madre Edna, vi en una visión en mi cama, y he aquí un toro que salió de la tierra, y ese toro era blanco; y tras él salió una novilla, y junto con esta (última) salieron dos toros, uno de ellos negro y el otro rojo.

Y ese toro negro corneó al rojo y lo persiguió sobre la tierra, y entonces ya no pude ver a ese toro rojo.

Pero aquel toro negro creció y aquella novilla se fue con él, y vi que de él salían muchos bueyes que se le parecían y le seguían.

Y aquella vaca, aquella primera, salió de la presencia de aquel primer toro para buscar a aquel (otro) rojo, pero no lo encontró, y se lamentó con un gran lamento por él y lo buscó. Y esperé hasta que el primer toro vino a ella y la calmó, y desde ese momento en adelante no lloró más.

Y después de eso ella dio a luz otro toro blanco, y después de él ella dio a luz muchos toros y vacas negros.

Y vi en mi sueño que el toro blanco también creció y se convirtió en un gran toro blanco, y de él procedieron muchos toros blancos, y se parecían a él.

Y comenzaron a engendrar muchos toros blancos, que se les parecían, uno tras otro, (incluso) muchos».

LXXXVI. La caída de los ángeles y la desmoralización de la humanidad

Y de nuevo miré con mis ojos mientras dormía, y vi el Cielo arriba, y he aquí (que) una estrella cayó del Cielo, y se levantó y comió y apacentó entre aquellos bueyes.

Y después de eso vi los bueyes grandes y negros, y he aquí que todos cambiaron sus establos y pastos y su ganado, y comenzaron a vivir unos con otros.

Y otra vez miré en la visión, y miré hacia el cielo, y he aquí que vi muchas estrellas descender y arrojarse desde el cielo a esa primera estrella, y se convirtieron en toros entre esos ganados y pastaron con ellos [entre ellos].

Y los miré y vi, y he aquí que todos soltaron sus miembros privados, como caballos, y comenzaron a cubrir a las vacas de los bueyes, y todas ellas quedaron preñadas y dieron a luz elefantes, camellos y asnos.

Y todos los bueyes les temieron y se asustaron de ellos, y comenzaron a morder con sus dientes, a devorar y a cornear con sus cuernos. Y comenzaron, además, a devorar aquellos bueyes; y he aquí todos los hijos de la Tierra empezaron a temblar y espantarse delante de ellos y a huir de ellos.

LXXXVII. El advenimiento de los siete arcángeles

Y de nuevo vi cómo comenzaron a cornearse unos a otros y a devorarse unos a otros, y la Tierra comenzó a gritar en voz alta.

Y levanté mis ojos otra vez al Cielo, y vi una visión, y he aquí que salieron del Cielo seres que eran como hombres blancos. Cuatro salieron de ese lugar y tres con ellos. Y los últimos tres que habían salido me agarraron de la mano y me llevaron lejos de las generaciones de la Tierra, y me elevaron a un lugar alto, me mostraron una torre elevada sobre la Tierra y todas las colinas eran más bajas.

Y uno me dijo: «Quédate aquí hasta que veas todo lo que les sucede a esos elefantes, camellos y asnos, y las estrellas y los bueyes, y todos ellos».

LXXXVIII. El castigo de los ángeles caídos por los arcángeles

Y vi a uno de los cuatro que habían salido primero, y agarró la primera estrella que había caído del Cielo, la ató de pies y manos y la arrojó en un abismo, ese abismo era angosto y profundo, horrible y oscuro.

Y uno de ellos sacó una espada, y se la dio a aquellos elefantes, camellos y asnos: entonces comenzaron a golpearse unos a otros, y toda la Tierra tembló a causa de ellos.

Y mientras miraba en la visión, he aquí, uno de los cuatro que habían salido los apedreó desde el Cielo, y reunió y tomó todas las grandes estrellas cuyos miembros íntimos eran como los de los caballos, y las ató de pies y manos, y las lanzó en un abismo de la Tierra.

LXXXIX. El diluvio y la liberación de Noé

Y uno de esos cuatro fue hacia ese toro blanco y le instruyó en un secreto, sin que él se asustara. Nació un toro y se convirtió en un hombre, y se construyó un gran vaso (una gran barca) y habitó en él; y tres toros moraban con él en esa vasija y estaban cubiertos.

Y de nuevo alcé mis ojos al Cielo y vi un techo alto, con siete torrentes de agua sobre él, y esos torrentes corrían con mucha agua en un recinto.

Y volví a mirar, y he aquí esas fuentes que se abrieron sobre la superficie de ese gran recinto, y el agua comenzó a hincharse y a subir encima, y vi ese recinto hasta que toda su superficie estuvo cubierta de agua.

Y el agua, la oscuridad y la niebla aumentaron sobre ella; y cuando miré a la altura de esa agua, se había elevado por encima de la altura de ese recinto, y estaba fluyendo y se paró sobre la tierra.

Y se juntaron todos los ganados de aquel cercado hasta que vi cómo se hundían y eran tragados y perecían en aquella agua.

Pero ese barco flotaba en el agua, mientras que todos los bueyes y elefantes y camellos y asnos se hundieron hasta el fondo con todos los animales, de modo que ya no pude verlos, y no pudieron escapar, sino que perecieron y se hundieron en las profundidades.

Y nuevamente vio en la visión hasta que esos torrentes de agua fueron removidos de ese techo alto, y los abismos de la Tierra fueron allanados y otros abismos fueron abiertos.

Entonces el agua comenzó a correr hacia abajo, hasta que la tierra se hizo visible; pero esa vasija se asentó en la tierra, y las tinieblas se retiraron y apareció la luz.

Pero aquel toro blanco que se había hecho hombre salió de aquella vasija, y los tres toros con él, y uno de esos tres era blanco como aquel toro, otro de ellos era rojo como la sangre, y el otro, negro: y ese toro blanco partió de ellos.

Y comenzaron a producir bestias del campo y pájaros, de modo que surgieron diferentes géneros: leones, tigres, lobos, perros, hienas, jabalíes, zorros, ardillas, cerdos, halcones, buitres, milanos, águilas y cuervos; y entre ellos nació un toro blanco.

Y comenzaron a morderse unos a otros, pero aquel toro blanco que nació entre ellos engendró un asno salvaje y un toro blanco con él, y los asnos salvajes se multiplicaron.

Pero ese toro que nació de él engendró un jabalí negro y una oveja blanca; y el primero engendró muchos jabalíes, pero aquella oveja engendró doce ovejas.

Cuando esas doce ovejas habían crecido, entregaron a una de ellas a los asnos, y esos asnos entregaron otra vez esa (misma) oveja a los lobos, y esa oveja creció entre los lobos.

Y el señor trajo las once ovejas para vivir con él y para apacentar con él entre los lobos: y se multiplicaron y se convirtieron en muchos rebaños de ovejas.

Y los lobos comenzaron a temerlas, y las oprimieron hasta que destruyeron a sus pequeños, y arrojaron sus crías en un río de muchas aguas, pero aquellas ovejas comenzaron a gritar a causa de sus pequeños, y a quejarse a (ante) su señor.

Y una oveja que había sido salvada de los lobos huyó y escapó a los asnos salvajes; y vi cómo se lamentaban las ovejas y lloraban y suplicaban a su señor con todas sus fuerzas, hasta que el señor de las ovejas descendió a la voz de estas desde una morada elevada, y vino y las apacentó.

Y llamó a la oveja que había escapado de los lobos, y le habló acerca (de) ellos para que les advirtiera que no tocaran a las ovejas.

Y las ovejas fueron a los lobos de acuerdo a la palabra del señor, y otra oveja la encontró y fue con ella, y las dos fueron y entraron juntas en la asamblea de esos lobos, y hablaron con ellos y les advirtieron que no tocar(an a) las ovejas de ahora en adelante.

Entonces vi a los lobos y cómo oprimían a las ovejas en gran manera con todo su poder; y las ovejas gritaron en voz alta.

Y el señor vino hacia las ovejas y comenzó a herir a esos lobos: y los lobos comenzaron a hacer lamentación; pero las ovejas se quedaron quietas e inmediatamente dejaron de gritar.

Y vi las ovejas hasta que se apartaron de entre los lobos; pero los ojos de los lobos fueron cegados, y aquellos lobos partieron en persecución de las ovejas con todo su poder.

Y el señor de las ovejas iba con ellas, como su líder, y todas sus ovejas lo seguían. Su rostro era deslumbrante y glorioso y terrible de contemplar, pero los lobos comenzaron a perseguir a aquellas ovejas hasta que llegaron a un mar de agua.

Y ese mar se dividió, el agua se paró de un lado y otro delante de su cara, y su señor los condujo y se colocó entre ellos y los lobos.

Y como aquellos lobos aún no habían visto a las ovejas, se internaron en medio de ese mar, y los lobos siguieron a las ovejas, y [esos lobos] corrieron tras ellas hacia ese mar.

Y cuando vieron al señor de las ovejas, se volvieron para huir ante su faz, pero ese mar se juntó y se volvió como había sido creado, y el agua se hinchó y subió hasta cubrir a esos lobos. Y vi hasta que todos los lobos que perseguían a aquellas ovejas perecían y se ahogaban.

Pero las ovejas escaparon de esa agua y salieron a un desierto, donde no había ni agua ni hierba; y comenzaron a abrir los ojos y a ver. Vi al señor de las ovejas apacentándolas y dándoles agua y pasto, y a esa oveja yendo y guiándolas.

Esa oveja ascendió a la cumbre de esa alta roca, y el señor de las ovejas se la envió.

Y después de eso vi al señor de las ovejas que estaba delante de ellas, y su apariencia era grande y terrible y majestuosa, y todas aquellas ovejas lo vieron y temieron ante su rostro. Y todos temieron y temblaron a causa de él, y gritaron a esa oveja con ellos [que estaba entre ellos]: «No podemos estar delante de nuestro señor ni contemplarlo».

Y la oveja que los conducía volvió a ascender a la cima de esa roca, pero la oveja comenzó a cegarse y a desviarse del camino que él les había mostrado, pero esa oveja no lo sabía.

Y el señor de las ovejas estaba muy enojado contra ella, y esa oveja lo descubrió, y bajó de la cima de la roca, y vino hacia las ovejas, y encontró a la mayor parte de ellas ciegas y caídas.

Y cuando lo vieron, temieron y temblaron ante su presencia, y desearon volver a sus rediles.

Y esa oveja tomó otras ovejas consigo, y vino a aquellas ovejas que se habían caído, y comenzó a matarlas; y la oveja temía su presencia, y así esa oveja trajo de vuelta aquellas ovejas que se habían caído, y ellas regresaron a sus rediles.

Y vi en esta visión hasta que esa oveja se convirtió en hombre y edificó una casa para el señor de las ovejas, y las colocó a todas allí.

Y vi hasta que esta oveja, que había encontrado a la oveja que las guiaba, se durmió, vi hasta que perecieron todas las ovejas grandes y las pequeñas se levantaron en su lugar, y llegaron a un pasto, y se acercaron a un arroyo de agua.

Entonces aquella oveja, su líder que se había hecho hombre, se apartó de ellas y se durmió, y todas las ovejas la buscaron y lloraron sobre ella.

Y vi hasta que dejaron de llorar por esa oveja y cruzaron ese arroyo de agua, y allí se levantaron las dos ovejas como líderes en el lugar de aquellas que las habían conducido y se durmieron (*lit.* 'se durmieron y los dejaron').

Y vi hasta que las ovejas llegaron a un buen lugar, y una tierra agradable y gloriosa, y vi hasta que esas ovejas estuvieron satisfechas; y esa casa estaba entre ellas en la tierra agradable.

Y a veces se les abrían los ojos, y otras veces se cegaban, hasta que otra oveja se levantó y las guio trayendo a todos de vuelta, y se les abrieron los ojos.

Y los perros y los zorros y los jabalíes comenzaron a devorar esas ovejas hasta que el señor de las ovejas levantó [otra oveja] un carnero de en medio de ellas, que las guio. Y ese carnero comenzó a embestir por ambos lados a esos perros, zorros y jabalíes salvajes hasta que los destruyó a todos.

Y esa oveja cuyos ojos fueron abiertos vio a ese carnero que estaba entre las ovejas, hasta que abandonó su gloria y comenzó a golpear a esas ovejas, y las pisoteó y se comportó de manera indecorosa.

Y el señor de las ovejas envió el cordero a otro cordero y lo levantó para ser un carnero y líder de las ovejas en lugar de ese carnero que había abandonado su gloria. Y fue a él y le habló a solas, y lo crio hasta ser un carnero. Lo hizo el príncipe y líder de las ovejas, pero durante todas estas cosas, aquellos perros oprimieron a las ovejas. Y el primer carnero persiguió al segundo carnero, y el segundo carnero se levantó y huyó delante de él; y vi hasta que esos perros derribaron el primer carnero.

Y ese segundo carnero se levantó y guio a la [pequeña] oveja. Y aquel carnero engendró muchas ovejas y se durmió; y una ovejita se convirtió en carnero en su lugar, y se convirtió en príncipe y líder de aquellas ovejas.

Y aquellas ovejas crecieron y se multiplicaron; pero todos los perros, zorros y jabalíes temieron y huyeron delante de él, y ese carnero embistió y mató a las fieras salvajes, y esas fieras salvajes ya no tenían ningún poder entre las ovejas y no las despojaban más.

Y esa casa se hizo grande y ancha, y fue construida para aquellas ovejas: y una torre alta y grande fue construida sobre la casa para el señor de las ovejas, esa casa era baja, pero la torre era elevada y alta, y el señor de las ovejas se paró en esa torre y ofrecieron una mesa llena delante de él.

De nuevo vi aquellas ovejas que erraron y se fueron por muchos caminos, y abandonaron su casa, y el señor de las ovejas llamó a algunas de entre las ovejas y las envió a las ovejas, pero las ovejas comenzaron a matarlas.

Y uno de ellos se salvó y no fue muerto, y se apresuró y lloró en voz alta sobre las ovejas; y trataron de matarlo, pero el señor de las ovejas lo salvó de ellas, y me lo trajo, y lo hizo morar aquí.

Y muchas otras ovejas envió a aquellas ovejas para testificarles y lamentarse por ellas. Y después de eso vi que cuando ellas abandonaron la casa del señor y su torre se derrumbó por completo, y sus ojos fueron cegados; y vi al señor de las ovejas cómo él llevó a cabo mucha matanza entre ellas en sus rebaños hasta que esas ovejas invitaron a esa matanza y traicionaron su lugar.

Y las entregó en manos de los leones y tigres, y lobos y hienas, y en manos de los zorros, y a todas las fieras, y esas fieras comenzaron a despedazar aquellas ovejas. Y vi que él abandonó su casa y su torre y las entregó todas en manos de los leones, para despedazarlas y devorarlas, en manos de todas las bestias salvajes.

Y comencé a gritar con todas mis fuerzas, y a suplicar al señor de las ovejas, y a declararle con respecto a las ovejas que todas las fieras salvajes las devoraban. Pero él permaneció impasible, aunque lo vio, y se alegró de que fueran devoradas y tragadas y robadas, y las dejó para ser devoradas en la mano de todas las bestias.

Y llamó a setenta pastores, y les arrojó aquellas ovejas para que las apacentaran, y les dijo a los pastores y a sus compañeros: «Dejad que cada uno de vosotros apacente a las ovejas de ahora en adelante, y todo lo que os mandaré que hagáis.

Y os las entregaré debidamente numeradas, y os diré cuáles de ellas han de ser destruidas, y las destruiréis vosotros». Y les entregó esas ovejas.

Y llamó a otro y le dijo: «Observa y marca todo lo que los pastores harán con esas ovejas porque destruirán más de ellas de lo que yo les he mandado.

Y de todo exceso y destrucción que se hará por medio de los pastores, registra cuántos destruyen según mi mandato, y cuántos según su propio capricho: registra contra cada pastor en particular toda la destrucción que realiza.

Y lee delante de mí por número a cuántas destruyen y a cuántas entregan para la destrucción, para que yo tenga esto por testimonio contra ellos, y conozca cada obra de los pastores, para que comprenda y vea lo que hacen, hagan, obedezcan o no mi mandato que les he ordenado.

Pero ellos no lo sabrán, y tú no se los declararás ni los amonestarás, sino que solo registrarás en cada individuo toda la destrucción que los pastores hacen cada uno en su tiempo y lo pondrás todo delante de mí».

Y vi hasta que esos pastores pastaron en su tiempo, y comenzaron a matar y destruir más de lo que se les ordenó, y entregaron esas ovejas en manos de los leones.

Y los leones y los tigres comieron y devoraron la mayor parte de esas ovejas, y los jabalíes comieron junto con ellos; y quemaron aquella torre y demolieron aquella casa. Y me entristecí mucho por esa torre, porque la casa de las ovejas fue demolida, y después no pude ver si esas ovejas entraron en esa casa.

Y los pastores y sus asociados entregaron aquellas ovejas a todas las bestias salvajes, para que se las devoraran, y cada una de ellas recibió en su tiempo un número determinado: estaba escrito en el otro libro cuántas destruirían cada uno de ellos.

Y cada uno mató y destruyó muchos más de lo prescrito; y comencé a llorar y a lamentarme a causa de aquellas ovejas.

Y así en la visión vi a aquel que escribió, cómo él escribió cada uno que fue destruido por esos pastores, día por día, y llevado arriba y puesto, y mostró realmente todo el libro al señor de las ovejas (incluso) todo lo que habían hecho, lo que cada uno de ellos había hecho, y todo lo que habían entregado a la destrucción.

Y el libro fue leído ante el señor de las ovejas, y él tomó el libro de su mano y lo leyó, lo selló y lo dejó.

Y luego vi cómo los pastores pastaron durante doce horas, y he aquí, tres de esas ovejas se volvieron y vinieron, y entraron y comenzaron a reconstruir todo lo que se había derrumbado de esa casa, pero los jabalíes trataron de impedírselo y no pudieron.

Y comenzaron de nuevo a construir como antes, y levantaron esa torre, y se llamó la torre alta; y comenzaron de nuevo a colocar una mesa delante de la torre, pero todo el pan que había sobre ella estaba contaminado y no era puro.

Y en cuanto a todo esto, los ojos de aquellas ovejas estaban cegados para que no vieran, y los ojos de sus pastores igualmente; y las entregaron en gran número a sus pastores para destrucción, y ellos pisotearon las ovejas con sus pies y las devoraron.

Y el señor de las ovejas permaneció inmóvil hasta que todas las ovejas se dispersaron por el campo y se mezclaron con ellas (es decir, las bestias), y ellos (es decir, los pastores) no las salvaron de la mano de las bestias. Y el que escribió el libro lo llevó, y lo mostró y lo leyó delante del señor de las ovejas, y le imploró por ellas, le suplicó por ellas mientras le mostraba todas las obras de los pastores, y dio testimonio delante de él contra todos los pastores.

Y tomó el libro real y lo dejó junto a él (el señor de las ovejas) y se fue.

XC. Continúa la historia de los pastores, la caída de Israel y el juicio final

Y vi hasta el momento en el que los treinta y cinco pastores emprendieron el pastoreo (de las ovejas), y ellos separadamente completaron sus períodos como lo hizo el primero; y otros las recibieron en sus manos, para apacentarlas en su tiempo, cada pastor en su tiempo.

Y después de eso, en mi visión, vi a todas las aves del Cielo que venían, las águilas, los buitres, los milanos, los cuervos, pero las águilas guiaban a todas las aves; y comenzaron a devorar aquellas ovejas, a sacarles los ojos y a devorar su carne.

Y las ovejas gritaban porque su carne estaba siendo devorada por las aves, y en cuanto a mí, miré y me lamenté en sueños por ese pastor que apacentaba las ovejas. Y vi hasta que esas ovejas fueron devoradas por los perros, las águilas y los milanos, y no les quedó carne ni piel ni tendones, hasta que solo quedaron ahí sus huesos: y sus huesos también cayeron a tierra y las ovejas se hicieron pocas.

Y vi hasta que veintitrés habían emprendido el pastoreo y completado en sus varios períodos cincuenta y ocho veces.

Pero he aquí, aquellas ovejas blancas dieron a luz corderos, y comenzaron a abrir los ojos, a ver, y a llorar a las ovejas.

Sí, les gritaron, pero no escucharon lo que les dijeron, sino que estaban muy sordos, y sus ojos estaban muy cegados.

Y vi en la visión cómo los cuervos volaron sobre esos corderos y tomaron uno de esos corderos, y rompieron las ovejas en pedazos y las devoraron.

Y vi que hasta les crecieron cuernos a aquellos corderos, y los cuervos arrojaron sus cuernos; y vi hasta que de una de aquellas ovejas brotó un gran cuerno, y se les abrieron los ojos.

Y los miró [y sus ojos se abrieron] y clamó a las ovejas, y los carneros lo vieron y todos corrieron hacia él. Y a pesar de todo esto, aquellas águilas, buitres, cuervos y milanos seguían despedazando a las ovejas y abalanzándose sobre ellas y devorándolas: aún las ovejas permanecían en silencio, pero los carneros se lamentaban y gritaban.

Y esos cuervos pelearon y pelearon con él y trataron de derribar su cuerno, pero no tenían poder sobre él.

Y vi hasta que vinieron los pastores y águilas y esos buitres y milanos, y gritaron a los cuervos que rompieran el cuerno de ese carnero, y pelearon y pelearon con él, y él luchó con ellos y gritó que su ayuda pudiera venir.

Y vi a ese hombre, que escribió los nombres de los pastores [y] los llevó a la presencia del señor de las ovejas [llegó y lo ayudó y le mostró todo: él había bajado por la ayuda de ese morueco].

Y vi hasta que el señor de las ovejas vino a ellos enfurecido, y todos los que lo vieron huyeron, y todos cayeron en su sombra de delante de su rostro.

Todas las águilas y buitres y cuervos y milanos se juntaron, y vinieron con ellos todas las ovejas del campo, sí, todos se juntaron y se ayudaron unos a otros para quebrar el cuerno del carnero.

Y vi a ese hombre, que escribió el libro de acuerdo con el mandato del señor, hasta que abrió ese libro acerca de la destrucción que esos doce últimos pastores habían causado, y mostró que habían destruido mucho más que sus predecesores, antes del señor de las ovejas.

Y vi hasta que el señor de las ovejas vino a ellos y tomó en su mano la vara de su ira, e hirió la tierra, y la Tierra se partió en dos, y todas las bestias y todas las aves del cielo cayeron de en medio.

Aquellas ovejas fueron tragadas por la Tierra y las cubrió. Y vi que se les dio una gran espada a las ovejas, y las ovejas procedieron contra todas las bestias del campo para matarlas, y todas las bestias y las aves del cielo huyeron delante de ellas.

Y vi hasta que se erigió un trono en la tierra agradable, y el señor de las ovejas se sentó en él, y el otro tomó los libros sellados y abrió esos libros ante el señor de las ovejas.

Y el señor llamó a esos hombres los siete primeros blancos, y mandó que los trajeran delante de él, comenzando por la primera estrella que marcaba el camino, todas las estrellas cuyos miembros privados eran como los de los caballos, y las trajeron todas antes que él.

Y le dijo a aquel hombre que escribía delante de él, siendo uno de aquellos siete blancos: «Toma esos setenta pastores a quienes entregué las ovejas, y que las tomaron por su propia autoridad y mataron más de lo que yo les ordené».

Y he aquí, todos estaban atados, vi y todos estaban de pie delante de él.

Y el juicio se llevó a cabo primero sobre las estrellas, y fueron juzgados y encontrados culpables, y fueron al lugar de condenación, y fueron arrojados a un abismo, llenos de fuego y llamas, y llenos de columnas de fuego.

Y esos setenta pastores fueron juzgados y declarados culpables, y fueron arrojados a ese abismo de fuego.

Y vi en ese momento cómo un abismo semejante se abrió en medio de la Tierra, lleno de fuego, y trajeron esas ovejas ciegas, y todas fueron juzgadas y declaradas. Y me puse de pie para ver hasta que cerraron esa vieja casa; y se llevaron todas las columnas, y todas las vigas y adornos de la casa fueron al mismo tiempo doblados con ella, y se la llevaron y la pusieron en un lugar al sur de la Tierra.

Y vi hasta que el señor de las ovejas trajo una casa nueva, más grande y más alta que la primera, y la levantó en el lugar de la primera que había sido cerrada.

Todas sus columnas eran nuevas, y sus ornamentos eran nuevos y más grandes que los de la primera, la vieja que él había quitado, y todas las ovejas estaban dentro de ella.

Y vi todas las ovejas que habían quedado, y todas las bestias en la Tierra, y todas las aves del cielo, postrándose y rindiendo homenaje a aquellas ovejas y haciéndoles súplicas y obedeciéndolas en todo.

Y después de eso, aquellos tres que estaban vestidos de blanco y me habían tomado de la mano [que me habían tomado antes], y la mano de ese carnero también me tomó, me levantaron y me pusieron en medio de aquellas ovejas antes del juicio.

Y aquellas ovejas eran todas blancas, y su lana (era) abundante y limpia.

Y todo lo que había sido destruido y disperso, y todas las bestias del campo, y todas las aves del cielo, se reunieron en esa casa, y el señor de las ovejas se regocijó con gran alegría porque todos estaban bien y habían regresado a su casa.

Y vi hasta que depusieron esa espada, que había sido dada a las ovejas, y la trajeron de regreso a la casa, y fue sellada ante la presencia del señor, y todas las ovejas fueron invitadas a esa casa, pero no las retuvo.

Y los ojos de todas ellas fueron abiertos, y vieron lo bueno y no hubo una entre ellas que no viera.

Y vi que aquella casa era grande, ancha y (estaba) muy llena.

Y vi que nació un toro blanco, con grandes cuernos, y todas las bestias del campo y todas las aves del cielo le temían y le hacían súplicas todo el tiempo.

Y vi hasta que todas sus generaciones se transformaron, y todos se convirtieron en toros blancos; y el primero de ellos se convirtió en un cordero, y ese cordero se convirtió en un gran animal y tenía grandes cuernos negros en su cabeza; y el señor de las ovejas se regocijó sobre él y sobre todos los bueyes. Y dormí en medio de ellos; y desperté y vi todo.

Esta es la visión que vi mientras dormía, y desperté y bendije al

Señor de Justicia y le rendí gloria.

Entonces lloré con gran llanto y mis lágrimas no cesaron hasta que ya no pude soportarlo más: cuando vi, (ellas) fluyeron a causa de lo que había visto, porque todo vendrá y se cumplirá, y todas las obras de los hombres en su orden me fueron mostradas.

Aquella noche me acordé del primer sueño, y por eso lloré y me turbé, porque había visto aquella visión.

SECCIÓN 5

ADVERTENCIA DE ENOC A SUS HIJOS

(XCI-CV)

XCI. Advertencia de Enoc a sus hijos. Predicciones sobre el castigo de los pecadores

«Y ahora, hijo mío Matusalén, llámame a todos tus hermanos y reúneme a todos los hijos de tu madre; porque la palabra me llama, y el espíritu se derrama sobre mí para que pueda mostrarte todo lo que te ocurrirá para siempre». Entonces Matusalén fue y convocó a todos sus hermanos y reunió a sus parientes.

Y habló a todos los hijos de justicia y dijo: «Oíd, hijos de Enoc, todas las palabras de vuestro padre, y escucha bien la voz de mi boca; porque os exhorto y os digo, amados: ama la rectitud y anda en ella.

Y no te acerques a la rectitud con un corazón doble, y no te asocies con los de doble corazón, pero andad en justicia, hijos míos, y os guiará por buenos caminos, y la justicia será tu compañera.

Porque sé que la violencia debe aumentar sobre la Tierra, y será ejecutado un gran castigo en la Tierra, y toda injusticia llegará a su fin: sí, será cortada desde sus raíces, y toda su estructura será destruida.

Y la injusticia se consumará de nuevo en la Tierra, y todas las obras de injusticia y de violencia y la transgresión prevalecerán en un doble grado. Cuando el pecado, la injusticia y la blasfemia aumentan la violencia en toda clase de hechos, y aumentan la apostasía, la transgresión y la inmundicia, un gran castigo vendrá del Cielo sobre todos estos, y el Señor Santo saldrá con ira y castigo para ejecutar un juicio en la Tierra.

En aquellos días, la violencia será cortada de raíz, y las raíces de la injusticia, juntamente con el engaño, serán destruidos de debajo del Cielo.

Y todos los ídolos de las naciones serán abandonados, y los templos arderán con fuego, y los quitarán de toda la Tierra, y serán echados al juicio de fuego, y perecerán en ira y en severo juicio para siempre.

Y los justos se levantarán de su sueño, y surgirá la sabiduría, la cual les será dada.

[Y después de eso, las raíces de la iniquidad serán cortadas, y los pecadores serán destruidos a espada... serán cortados de los blasfemos en todo lugar, y los que planean violencia y los que cometen blasfemias perecerán a espada].

Y después habrá otra, la octava semana, la de justicia. Y se le dará una espada para ejecutar un justo juicio sobre los opresores, y los pecadores serán entregados en manos de los justos.

Y al final adquirirán casas a través de su justicia, y se edificará una casa para el Gran Rey en gloria para siempre.

Y después de eso, en la novena semana, el justo juicio será revelado a todo el mundo, y todas las obras de los impíos desaparecerán de toda la Tierra, y el mundo será escrito para destrucción. Y toda la humanidad mirará hacia el camino de la rectitud.

Y después de esto, en la décima semana, en la séptima parte, habrá el gran juicio eterno, en el cual Él ejecutará venganza entre los ángeles.

Y el primer Cielo partirá y pasará, aparecerá un nuevo cielo y todos los poderes de los cielos darán siete veces más luz.

Y después de eso habrá muchas semanas sin número (innumerables) para siempre, y todo será en bondad y justicia, y el pecado nunca más será mencionado.

Y ahora os digo, hijos míos, y os muestro los caminos de la justicia y los caminos de la violencia. Sí, te los mostraré de nuevo para que sepáis lo que sucederá.

Y ahora, oídme, hijos míos, y andad por las sendas de la justicia, y no caminéis por las sendas de la violencia; porque todos los que andan en los caminos de la injusticia perecerán para siempre».

XCII. Recompensa de los justos, destrucción de los pecadores

El libro escrito por Enoc. Enoc en verdad escribió esta doctrina completa de sabiduría, la cual es alabada por todos los hombres y un juicio de toda la Tierra; para todos mis hijos que morarán en la Tierra. Y por las generaciones futuras que observarán la rectitud y la paz. «No se turbe (entristezca) vuestro espíritu a causa de los tiempos porque el Santo y Grande ha señalado días para todas las cosas.

Y el Justo se levantará del sueño, [se levantarán] y andarán por sendas de justicia.

Y todo su camino y conversación será en eterna bondad y gracia. Se apiadará del justo y le dará la rectitud eterna.

Y Él le dará poder para que sea (dotado) de bondad y justicia, y caminará en la luz eterna.

Y el pecado perecerá en la oscuridad para siempre, y nunca más se verá desde ese día hasta la eternidad».

XCIII. El apocalipsis de las semanas

Y después de eso, Enoc enseñó y comenzó a contar de los libros. Y Enoc dijo: «En cuanto a los hijos de justicia y en cuanto a los elegidos del mundo, y acerca de la planta de rectitud, hablaré estas cosas. Sí, yo, Enoc, os los declararé, hijos míos: conforme a lo que me apareció en la visión celestial, y que he conocido por la palabra de los santos ángeles, y he aprendido de las tablas celestiales».

Y Enoc comenzó a contar de los libros y dijo: «Yo nací el séptimo, en la primera semana, mientras el juicio y la justicia aún perduraban.

Y después de mí surgirá en la segunda semana gran maldad, y el engaño habrá brotado; y en él estará el primer fin.

Y en ella un hombre será salvo; y después de su fin, crecerá la injusticia, y se hará una ley para los pecadores. Y después de eso, en la tercera semana, en su cierre, un hombre será elegido como planta de justo juicio, y su descendencia será planta de justicia para siempre.

Y después de eso, en la cuarta semana, al final, se verán visiones de los santos y los justos, y se hará ley para todas las generaciones y se les hará un recinto.

Y después de eso, en la quinta semana, al final, la casa de gloria y dominio será edificada para siempre.

Y después de eso, en la sexta semana, todos los que viven en él serán cegados, y los corazones de todos ellos abandonarán impíamente la sabiduría. Y en ella subirá un hombre, y en su cierre, la casa de dominio será quemada con fuego, y toda la raza de la raíz escogida será dispersada.

Y después de eso, en la séptima semana surgirá una generación apóstata, y muchas serán sus obras, y todas estas serán apóstatas.

Y en su cierre (de la semana) serán elegidos los justos de la planta eterna de justicia, recibirán instrucción séptuple acerca de toda su creación.

[Porque ¿quién hay de todos los hijos de los hombres que pueda oír la voz del Santo sin ser turbado?, ¿quién puede pensar sus pensamientos?, ¿quién hay que pueda contemplar todas las obras del Cielo?, ¿cómo podría haber alguien que pudiera contemplar el Cielo, y quién está allí que pudiera entender las cosas del Cielo y ver un alma o un espíritu y pudiera decirlo, o ascender y ver todos sus fines y pensarlos o hacer como a ellos?

¿Y quién hay de todos los hombres que pueda saber cuál es la anchura y la longitud de la Tierra, y a quién se le haya mostrado la medida de todos ellos? ¿O hay alguien que pueda discernir la longitud del Cielo y cuán grande es su altura, y sobre qué se basa, y cuán grande es el número de las estrellas, y dónde descansan todas las luminarias?].

XCIV. Advertencia a los justos

Y ahora os digo, hijos míos, amad la justicia y andad en ella; porque los caminos de la justicia son dignos de ser aceptados, pero los caminos de la injusticia serán repentinamente destruidos y desaparecerán.

Y a ciertos hombres de una generación se les revelarán los caminos de la violencia y de la muerte, y se mantendrán lejos de ellos, y no los seguirán.

Y ahora os digo a vosotros los justos: no andéis por las sendas de la maldad ni por las sendas de la muerte, y no os acerquéis a ellos, para que no seáis destruidos.

Mas buscad y elegid para vosotros la justicia y una vida escogida, y caminad por los senderos de la paz, y viviréis y prosperaréis.

Y retened mis palabras en los pensamientos de vuestros corazones, y no dejéis que se borre de vuestros corazones; porque sé que los pecadores tentarán a los hombres a implorar la sabiduría, para que no se halle lugar para ella, y ninguna forma de tentación podrá disminuir.

¡Ay de los que edifican injusticia y opresión, y ponen el engaño por fundamento!; porque serán derribados de repente y no tendrán paz.

¡Ay de los que edifican sus casas con pecado!; porque de todos sus cimientos serán derribados y caerán a espada. [Y los que adquieran oro y plata en el juicio de repente perecerán].

¡Ay de vosotros, ricos! porque habéis confiado en vuestras riquezas, y de vuestras riquezas os apartaréis, porque no os habéis acordado del Altísimo en los días de vuestras riquezas.

Habéis cometido blasfemia e injusticia, y se han preparado para el día de la matanza, y el día de las tinieblas y el día del gran juicio.

Así hablo y os declaro: el que te ha creado te derribará, y por tu caída no habrá compasión, y tu Creador se regocijará en tu destrucción.

Y vuestros justos en aquellos días serán un reproche para los pecadores y los impíos.

XCV. El dolor de Enoc: nuevas aflicciones contra los pecadores

¡Oh, que mis ojos fueran [una nube de] aguas para que pueda llorar por ti! Y derrama mis lágrimas como una nube de aguas: ¡Para que pueda descansar de mi angustia del corazón!

¿Quién os ha permitido practicar vituperios e iniquidades? Y así os alcanzará el juicio, pecadores.

No temáis a los pecadores, vosotros justos porque de nuevo el Señor los entregará en vuestras manos, para que podáis ejecutar juicio sobre ellos según vuestros deseos.

¡Ay de vosotros que fulmináis anatemas que no pueden ser revocados! La curación, pues, estará lejos de vosotros a causa de vuestros pecados.

¡Ay de vosotros que devolvéis a vuestro prójimo con mal! Porque seréis recompensados conforme a vuestras obras.

¡Ay de vosotros, testigos mentirosos! Y a los que sopesan la injusticia, porque de repente pereceréis.

¡Ay de vosotros, pecadores, porque perseguís a los justos!

Porque seréis entregados y perseguidos a causa de la injusticia, y pesado será su yugo sobre vosotros.

XCVI. Motivos de esperanza para los justos: ayes para los malvados

Tened esperanza, vosotros justos; porque de repente los pecadores perecerán delante de ti, y tendréis sobre ellos el poder de vuestros deseos. [Y en el día de la tribulación de los pecadores, tus hijos montarán y se levantarán como águilas, y más alto que los buitres será tu nido, y ascenderéis y entraréis en las hendiduras de la Tierra, y las hendiduras de las peñas para siempre como conejos delante de los injustos, y las sirenas suspirarán por ti y llorarán].

Por tanto, no temáis, vosotros que habéis sufrido; porque la sanidad será vuestra porción, y una luz brillante te iluminará, y la voz del descanso oiréis desde el Cielo.

¡Ay de vosotros, pecadores, porque vuestras riquezas os hacen aparecer como justos, pero vuestros corazones os convencen de ser pecadores, y este hecho será un testimonio contra vosotros para un memorial de (vuestras) malas acciones!

¡Ay de vosotros que devoráis lo mejor del trigo, y bebéis vino en copas grandes, y pisotéais a los humildes con tu poder!

¡Ay de vosotros que bebéis agua de toda fuente, porque de repente seréis consumidos y os marchitaréis, porque habéis dejado la fuente de la vida!

¡Ay de los que obran la injusticia y el engaño y la blasfemia: será un memorial de males contra vosotros!

¡Ay de vosotros, poderosos! Quien con poder oprime a los justos; porque viene el día de vuestra destrucción.

En aquellos días vendrán muchos y buenos días para los justos, en el día de vuestro juicio!

XCVII. Los males reservados para los pecadores y los poseedores de riquezas injustas

Creed, vosotros justos, que los pecadores se convertirán en una vergüenza y perecerán en el día de la injusticia.

Os sea notorio (pecadores) que el Altísimo se acuerda de vuestra destrucción, y los ángeles del Cielo se regocijan por tu destrucción.

¿Qué haréis, pecadores?, ¿adónde huiréis el día del juicio cuando escuchéis la voz de la oración de los justos?

Sí, os irá como a ellos, contra los cuales será testimonio esta palabra: «Habéis sido compañeros de pecadores».

Y en aquellos días la oración de los justos llegará al Señor, y para ti vendrán los días de tu juicio.

Y todas las palabras de vuestra injusticia serán leídas ante el Gran Santo, y vuestros rostros se cubrirán de vergüenza, y rechazará toda obra basada en la injusticia.

¡Ay de vosotros, pecadores, que habitáis en medio del océano y en la tierra seca!, cuyo recuerdo es malo contra vosotros.

¡Ay de los que adquieren plata y oro sin justicia y dicen: «Nos hemos enriquecido con riquezas y tenemos posesiones, y hemos adquirido todo lo que hemos deseado, y ahora hagamos lo que nos propusimos: porque hemos juntado plata y muchos (de ellos) son los labradores en nuestras casas, y nuestros graneros están (hasta el borde) llenos como con agua!».

Sí, y como agua correrán vuestras mentiras; porque tus riquezas no permanecerán, pero asciende rápidamente de ti; porque todo lo adquiristeis con injusticia y seréis entregados a una gran maldición.

XCVIII. Autocomplacencia de los pecadores: pecado originado por el hombre: todo pecado registrado en el Cielo

Y ahora os juro, a los sabios y a los necios, porque tendréis múltiples experiencias en la Tierra.

Porque más atavíos se pondrán los varones que las mujeres, y (llevarán) vestidos de colores más que una virgen: en realeza y en grandeza y en poder, y en plata y en oro y en púrpura, y en esplendor y en alimento serán derramados como agua.

Por tanto, les faltará doctrina y sabiduría, y perecerán por ello junto con sus posesiones; y con toda su gloria y su esplendor, y en vergüenza y en matanza y en gran miseria, sus espíritus serán echados en el horno de fuego.

Os he jurado, pecadores, que como un monte no se ha hecho esclavo, y un monte no llega a ser sierva de una mujer, así también el pecado no ha sido enviado sobre la Tierra, pero el hombre de sí mismo lo ha creado, y bajo gran maldición caerán los que la cometieren.

Y la esterilidad no le ha sido dada a la mujer, pero a causa de las obras de sus propias manos, ella muere sin hijos.

Os he jurado, pecadores, por el Santo Grande, que todas vuestras malas obras sean reveladas en los cielos, y que ninguno de vuestros hechos de opresión sean encubiertos y escondidos.

Y no penséis en vuestro espíritu ni digáis en vuestro corazón que no sabéis y que no veis que todo pecado se registra cada día en el Cielo delante del Altísimo. Desde ahora sabéis que toda vuestra opresión con que oprimís está escrita cada día hasta el día de vuestro juicio.

¡Ay de vosotros, necios!, porque por vuestra necedad pereceréis; y os rebeláis contra los sabios, y la buena suerte no será vuestra porción. Y ahora, sabed que estáis preparados para el día de la destrucción; por tanto, pecadores, no esperéis vivir, sino que partiréis y moriréis; porque no conocéis rescate, porque estáis preparados para el día del gran juicio, para el día de la tribulación y de la gran vergüenza de vuestros espíritus.

¡Ay de vosotros, obstinados de corazón, que hacéis iniquidad y coméis sangre!

¿De dónde tenéis cosas buenas para comer y para beber y para saciaros? De todos los bienes que el Señor, el Altísimo, ha puesto en abundancia sobre la Tierra; por tanto, no tendréis paz.

¡Ay de vosotros que amáis las obras de injusticia! ¿Por qué esperáis (el) bien para vosotros?, sabed que seréis entregados en manos de los justos y os cortarán el cuello, y os matarán, y no tendrán piedad de vosotros.

¡Ay de vosotros que os alegráis en la tribulación de los justos!, porque no se cavará sepulcro para vosotros.

¡Ay de vosotros que menospreciáis las palabras de los justos!, porque no tendréis esperanza de vida.

¡Ay de vosotros que escribís palabras mentirosas e impías!, porque escriben sus mentiras para que los hombres las escuchen y actúen impíamente hacia (su) prójimo. Por tanto, no tendrán paz, sino que morirán de muerte súbita.

XCIX. Ayes pronunciados sobre los impíos, los transgresores de la ley: mala situación de los pecadores en los últimos días

¡Ay de los que obran impiedad y se glorifican y alaban la palabra de mentira! ¡Pereceréis!, y ninguna vida feliz será vuestra.

¡Ay de los que pervierten las palabras de rectitud y transgreden la ley eterna, y se transforman en lo que no eran [en pecadores]! Serán hollados bajo los pies sobre la tierra.

En aquellos días prepárense, justos, para elevar sus oraciones como memorial, y colóquenlas como testimonio ante los ángeles para poner el pecado de los pecadores por memorial delante del Altísimo.

En aquellos días las naciones se agitarán y las familias de las naciones se levantarán en el día de la destrucción.

Y en aquellos días, los indigentes saldrán y se llevarán a sus hijos, y los abandonarán, de modo que sus hijos perecerán a través de ellos: sí, abandonarán a sus hijos (que todavía son) lactantes, y no volverán a ellos, y no tendrán piedad de sus amados.

Y otra vez os juro, pecadores, que el pecado está preparado para un día de incesante derramamiento de sangre.

Y aquellos que adoran piedras e imágenes funerarias de oro, plata y madera ¡ay, piedra y arcilla!, y aquellos que adoran espíritus inmundos y demonios, y toda clase de ídolos sin conocimiento, no recibirán ningún tipo de ayuda de parte de ellos.

Y se volverán impíos a causa de la necedad de sus corazones, y sus ojos serán cegados por el temor de sus corazones y a través de visiones en sus sueños.

A través de estos se volverán impíos y temerosos; porque en mentira habrán hecho toda su obra, y habrán adorado una piedra: por tanto, en un instante perecerán.

Pero en aquellos días, benditos son todos aquellos que aceptan las palabras de sabiduría y las entienden. Y observad las sendas del Altísimo, y andad por la senda de su justicia y no te vuelvas impío con los impíos; porque ellos serán salvos.

¡Ay de vosotros, que propagáis el mal a vuestros vecinos!; porque serás inmolado en el Seol.

¡Ay de vosotros que hacéis medidas engañosas y falsas! Y (a ellos) que causan amargura en la Tierra; porque de ese modo serán consumidos por completo.

¡Ay de vosotros que edificáis vuestras casas con el doloroso trabajo de otros!

Y todos sus materiales de construcción son los ladrillos y las piedras del pecado.

Os digo que no tendréis paz.

¡Ay de aquellos que rechazan la medida y la herencia eterna de sus padres y cuyas almas siguen a los ídolos!; porque no tendrán descanso.

¡Ay de los que obran injusticia y ayudan a la opresión, y matarán a sus vecinos hasta el día del gran juicio!

Porque Él derribará vuestra gloria, y traerá aflicción a sus corazones, y despertará su furiosa indignación y destruirá a todos con la espada; y todos los santos y justos se acordarán de tus pecados.

C. LOS PECADORES SE DESTRUYEN LOS UNOS A LOS OTROS

Juicio de los ángeles caídos: la seguridad de los justos

Y en aquellos días, en un lugar, los padres junto con sus hijos serán heridos, y los hermanos, unos con otros, caerán en la muerte, hasta que los arroyos fluyan con su sangre.

Porque el hombre no detendrá su mano (para) matar a sus hijos y a los hijos de sus hijos.

Y el pecador no apartará su mano de su hermano honrado: desde el alba hasta la puesta del sol se matarán los unos a los otros.

Y el caballo andará hasta el pecho en la sangre de los pecadores, y el carro será sumergido hasta su altura.

En aquellos días, los ángeles descenderán a los lugares secretos y reunirán en un solo lugar a todos los que abatieron el pecado, y el Altísimo se levantará en el día del juicio para ejecutar gran juicio entre los pecadores.

Y sobre todos los justos y santos, Él nombrará guardianes de entre los santos ángeles para cuidarlos como a la niña de un ojo, hasta que acabe con toda maldad y todo pecado, y aunque los justos duerman mucho, no tienen nada que temer.

Y (entonces) los hijos de la Tierra verán a los sabios en seguridad, y entenderán todas las palabras de este libro.

Y reconozcan que sus riquezas no podrán salvarlos en la destrucción de sus pecados.

¡Ay de vosotros, pecadores, en el día de fuerte angustia! Vosotros que afligéis a los justos y los quemáis con fuego: seréis recompensados según vuestras obras.

¡Ay de vosotros, obstinados de corazón!, que velan para tramar iniquidad: por tanto, te sobrevendrá el temor y no habrá nadie que te ayude.

¡Ay de vosotros, pecadores, por las palabras de vuestra boca y a causa de las obras de vuestras manos que ha obrado vuestra impiedad! En llamas abrasadoras que arden peor que el fuego os quemaréis.

Y ahora, sabed que de los ángeles Él consultará vuestras obras en el Cielo, del Sol y de la Luna y de las estrellas en referencia a vuestros pecados porque sobre la Tierra ejecutáis juicio sobre los justos.

Y llamará para que testifiquen contra vosotros toda nube, niebla, rocío y lluvia; porque a todos ellos se les impedirá descender sobre ti por causa de ti, y se acordarán de tus pecados.

Y ahora dad presentes a la lluvia para que no deje de descender sobre vosotros, y al rocío, cuando haya recibido de vosotros oro y plata para que descienda. Cuando (caigan sobre vosotros) la escarcha y la nieve con su frialdad, y todas las tormentas de nieve con todas sus plagas, en aquellos días no podréis estar de pie delante de ellos.

CI. Exhortación al temor de Dios: toda la naturaleza le teme, pero no los pecadores

Observad el Cielo, hijos del Cielo, y toda obra del Altísimo, y temedle y no hagáis mal en su presencia.

Si Él cierra las ventanas de los cielos e impide que la lluvia y el rocío desciendan sobre la Tierra por causa de vosotros, ¿qué haréis entonces?

Y si Él envía su ira sobre vosotros a causa de vuestras obras, no podéis pedirle; porque hablasteis palabras soberbias e insolentes contra su justicia; por tanto, no tendréis paz.

¿Y no veis a los marineros de las naves, cómo sus naves son sacudidas por las olas, y son sacudidas por los vientos, y están en graves problemas?

Y por eso temen, porque todas sus valiosas posesiones van con ellos al mar, y tienen malos presentimientos en su corazón de que el mar los tragará y perecerán en él.

¿No es todo el mar y todas sus aguas, y todos sus movimientos, obra del Altísimo, y Él no ha puesto límites a sus obras, y lo ha encerrado por completo en la arena?

Y ante su reprensión tiene miedo y se seca, y mueren todos sus peces y todo lo que hay en él; pero vosotros, pecadores que estáis en la Tierra, no le temáis.

¿No hizo Él los cielos y la Tierra, y todo lo que hay en ellos? ¿Quién ha dado entendimiento y sabiduría a todo lo que se mueve sobre la Tierra y el mar?

¿No temen al mar los marineros de los barcos? Sin embargo, los pecadores no temen al Altísimo.

CII. Terrores del día del juicio: las fortunas adversas de los justos en la Tierra

En aquellos días cuando Él haya traído un fuego terrible sobre ti, ¿adónde huiréis, y dónde encontraréis liberación? Y cuando lanza su palabra contra ti, ¿no tendrás miedo y miedo (temblaréis)?

Y todas las luminarias se asustarán con gran temor, y toda la Tierra se espantará y temblará y se alarmará. Y todos los ángeles ejecutarán sus mandatos y buscarán esconderse de la presencia de la Gran Gloria. Y los hijos de la Tierra temblarán y se estremecerán; y vosotros, pecadores, seréis malditos para siempre, y no tendréis paz.

No temáis, almas de los justos, y tened esperanza vosotros que habéis muerto en justicia.

Y no os entristezcáis si vuestra alma ha descendido con dolor al Seol, y que en tu vida tu cuerpo no fue conforme a tu bondad, pero espera el día del juicio de los pecadores y para el día de la maldición y del castigo.

Y sin embargo, cuando morís, los pecadores hablan de vosotros: «Como nosotros morimos, así mueren los justos, ¿qué beneficio obtienen por sus obras?

He aquí, así como nosotros, ellos mueren en el dolor y la oscuridad, ¿y qué tienen ellos más que nosotros? A partir de ahora somos iguales.

¿Y qué recibirán y qué verán para siempre? He aquí, ellos también han muerto, y de ahora en adelante nunca verán la luz.

Os digo, pecadores, que os contentáis con comer y beber, y robar y pecar, y desnudar a los hombres y adquirir riquezas y ver días buenos.

¿Habéis visto a los justos cómo se les acaba el fin, que no se halla en ellos ningún tipo de violencia hasta su muerte?

Sin embargo, perecieron y se volvieron como si no hubieran sido, y sus espíritus descendieron al Seol en tribulación».

CIII. Destinos diferentes de los justos y los pecadores: nuevas objeciones de los pecadores

Ahora, pues, os juro a vosotros, los justos, por la gloria del Grande, Honrado y Poderoso en el dominio, y por su grandeza os lo juro.

Conozco un misterio y he leído las tablas celestiales, y he visto los libros sagrados, y he encontrado escrito en él e inscrito acerca de ellos: que todo bien y gozo y gloria están preparados para ellos, y escritos para los espíritus de los que han muerto en justicia, y ese bien múltiple os será dado en recompensa de vuestros trabajos, y que tu suerte es más abundante que la suerte de los vivos.

Y los espíritus de vosotros que habéis muerto en justicia vivirán y se regocijarán, y sus espíritus no perecerán ni su recuerdo de delante de la faz del Grande, por todas las generaciones del mundo: por tanto, no temáis más su afrenta.

¡Ay de vosotros, pecadores, cuando hayáis muerto!, si morís en la riqueza de vuestros pecados, y los que son como tú dicen de ti: «Bienaventurados los pecadores: ellos han visto todos sus días y ahora han muerto en la prosperidad y en la riqueza, y no han visto tribulación ni muerte en su vida; y han muerto en honor, y no se ha ejecutado juicio sobre ellos durante su vida».

Sabed que sus almas serán hechas descender al Seol y serán desdichados en su gran tribulación.

Y en la oscuridad y las cadenas y una llama ardiente donde haya juicio grave entrarán vuestros espíritus. Y el gran juicio será para todas las generaciones del mundo. ¡Ay de vosotros, porque no tendréis paz!

No digas respecto a los justos y buenos que están en la vida: «En nuestros días turbulentos hemos trabajado laboriosamente y experimentado cada problema, y se encontró con mucho mal y fue consumido, y se han hecho pocos y nuestro espíritu pequeño.

Y hemos sido destruidos y no hemos encontrado a nadie que nos ayude ni siquiera con una palabra: hemos sido torturados y destruidos, y no esperamos ver la vida día a día.

Esperábamos ser cabeza y nos hemos convertido en cola: hemos trabajado laboriosamente y no hemos tenido satisfacción en nuestro trabajo; y nos hemos convertido en comida de pecadores e injustos, y han puesto su yugo pesadamente sobre nosotros.

Se han enseñoreado de nosotros los que nos odiaban y nos herían; y ante los que nos odiaban hemos inclinado el cuello, pero no se compadecieron de nosotros. Quisimos alejarnos de ellos para poder escapar y descansar, pero no encontramos ningún lugar al que pudiéramos huir y estar a salvo de ellos.

Y nos quejamos a los gobernantes en nuestra tribulación, y gritó contra los que nos devoraban, pero no atendieron a nuestros gritos y no quisieron escuchar nuestra voz.

Y ayudaron a los que nos robaron y nos devoraron y a los que nos hicieron pocos; y encubrieron su opresión, y no quitaron de nosotros el yugo de los que nos devoraron y nos dispersaron y nos asesinaron, y encubrieron su asesinato, y no se acordaron de que habían alzado sus manos contra nosotros».

CIV. Garantías dadas a los justos: admisiones a los pecadores y a los falsificadores de las palabras de rectitud

Os juro que en el Cielo los ángeles os recordarán para bien ante la gloria del Grande, y vuestros nombres están escritos ante la gloria del Grande.

Ten esperanza, porque en otro tiempo fuisteis avergonzados por el mal y la aflicción; pero ahora resplandeceréis como las luces del Cielo, resplandeceréis y seréis vistos, y las puertas del Cielo se os abrirán.

Y en vuestro clamor, clamad por juicio, y se os aparecerá; porque toda vuestra tribulación recaerá sobre los gobernantes, y sobre todos los que socorrieron a los que os despojaron.

Ten esperanza, y no deseches tu esperanza; porque tendréis gran gozo como los ángeles del Cielo.

¿Qué estaráis obligados a hacer? No tendréis que esconderos en el día del gran juicio y no seréis hallados como pecadores, y el juicio eterno estará lejos de vosotros por todas las generaciones del mundo.

Y ahora, no temáis, vosotros justos, cuando veáis a los pecadores fortalecerse y prosperar en sus caminos: no seáis compañeros de ellos, sino alejaos de su violencia; porque seréis compañeros de las huestes del Cielo.

Y aunque vosotros, pecadores, decís: «Todos nuestros pecados no serán buscados ni escritos», sin embargo, ellos escribirán todos vuestros pecados cada día.

Y ahora os muestro que la luz y la oscuridad, el día y la noche, ven todos vuestros pecados.

No seáis impíos en vuestros corazones, y no mintáis ni alteréis las palabras de rectitud ni acuséis de mentirosas las palabras del Santo Grande ni tengáis en cuenta vuestros ídolos; porque todas vuestras mentiras y todas vuestras impiedades no resultan en justicia, sino en gran pecado.

Y ahora sé este misterio, que los pecadores alterarán y pervertirán las palabras de justicia de muchas maneras, y hablarán palabras malvadas, y mentirán y practicarán grandes engaños, y escribirán libros acerca de sus palabras.

Pero cuando escriban con verdad todas mis palabras en sus idiomas y no cambien ni minimicen mis palabras, sino que las escriban todas con verdad, todo lo que primero testifiqué acerca de ellos. Entonces, conozco otro misterio, que los libros serán dados a los justos y a los sabios para que sean motivo de alegría y rectitud y mucha sabiduría.

Y a ellos se les darán los libros y creerán en ellos y se regocijarán por ellos, y entonces serán recompensados todos los justos que hayan aprendido de ellos todos los caminos de la rectitud.

CV. Dios y el mesías para habitar con el hombre

En aquellos días, el Señor (les) ordenó que convocaran y testificaran a los hijos de la Tierra acerca de su sabiduría: «Mostrádsela; porque vosotros sois sus guías, y una recompensa (que tendrá lugar) sobre toda la Tierra.

Porque yo y mi hijo estaremos unidos con ellos para siempre en los caminos de la rectitud en (durante) sus vidas; y tendréis paz: ¡gozaos, hijos de la rectitud!

Amén».

FRAGMENTO DEL LIBRO DE NOÉ

(CVI-CVIII)

CVI.

Y después de algunos días, mi hijo Matusalén tomó esposa (a una mujer) para su hijo Lamec, y ella quedó embarazada de él y dio a luz un hijo.

Y su cuerpo era blanco como la nieve y rojo como el capullo de una rosa, y el cabello de su cabeza y sus largas cabelleras eran blancas como la lana, y sus ojos, hermosos. Y cuando abrió los ojos, iluminó toda la casa como el sol, y toda la casa estaba muy brillante.

Y entonces se levantó en manos de la partera, abrió su boca y conversó con el Señor de Justicia.

Y su padre Lamec tuvo miedo de él y huyó, y vino a su padre Matusalén.

Y le dijo: «He engendrado un hijo extraño, diferente y semejante al hombre, y semejante a los hijos del Dios del Cielo; y su naturaleza es diferente y él no es como nosotros, y sus ojos son como los rayos del sol, y su rostro es glorioso.

Y me parece que no ha nacido de mí, sino de los ángeles, y temo que en sus días se haga un prodigio en la Tierra.

Y ahora, padre mío, estoy aquí para rogarte e implorarte que vayas a (con) Enoc, nuestro padre, y aprendas de él la verdad, porque su morada está entre los ángeles». Y cuando Matusalén oyó las palabras de su hijo, vino a mí hasta los confines de la Tierra; porque había oído que yo estaba ahí, y clamó a gran voz, y oí su voz y vine a él. Y yo le dije: «Heme aquí, hijo mío, ¿por qué has venido a mí?»:

Y él respondió y dijo: «Debido a una gran causa de ansiedad he venido a ti, y debido a una visión perturbadora me he acercado.

Y ahora, padre mío, escúchame: a mi hijo Lamec le ha nacido un hijo, como el cual no hay ninguno, y su naturaleza no es como la naturaleza del hombre, y el color de su cuerpo es más blanco que la nieve y más rojo que la flor de una rosa, y el cabello de su cabeza es más blanco que la lana blanca, y sus ojos son como los rayos del sol, y abrió los ojos y luego iluminó toda la casa.

Y se levantó en manos de la partera, y abrió su boca y bendijo al Señor de los Cielos.

Y su padre Lamec tuvo miedo y (me buscó) huyó a mí, y no creyó que él había nacido de él, sino que él era en la semejanza de los ángeles del Cielo; y he aquí, he venido a ti para que me hagas saber la verdad».

Y yo, Enoc, respondí y le dije: «El Señor hará una cosa nueva en la Tierra, y esto ya lo he visto en una visión, y te hago saber que en la generación de mi padre Jared algunos de los ángeles del Cielo transgredieron la palabra del Señor.

Y he aquí, cometen pecado y transgreden la ley, y se han unido con mujeres y cometen pecado con ellas, y se han casado con algunas de ellas, y han engendrado hijos de ellas.

Y producirán en la Tierra gigantes no según el espíritu, sino según la carne; habrá gran castigo sobre la Tierra, y la Tierra será limpiada de toda impureza. Sí, vendrá una gran destrucción sobre toda la Tierra, y habrá un diluvio y una gran destrucción por un año. Y este hijo que te ha nacido será dejado en la Tierra, y sus tres hijos serán salvos con él: cuando muera toda la humanidad que está sobre la Tierra [él y sus hijos serán salvos].

Y ahora haz saber a tu hijo Lamec que el que ha nacido es en verdad su hijo, y llama su nombre Noé; porque os será dejado, y él y sus hijos serán salvos de la destrucción que vendrá sobre la Tierra a causa de todo el pecado y de toda la injusticia, la cual será consumada sobre la Tierra en sus días.

Y después de eso habrá aún más injusticia que la que primero fue consumada en la Tierra; porque yo conozco los misterios de los santos; porque Él, el Señor, me ha mostrado y me ha informado, y yo (los) he leído en las tablas celestiales.

CVII.

«Y vi escrito en ellos que generación tras generación transgredirán, hasta que surja una generación de justicia, y la transgresión sea destruida y el pecado pase de la Tierra, y venga sobre ella todo bien.

Y ahora, hijo mío, ve y haz saber a tu hijo Lamec que este hijo, que ha nacido es en verdad su hijo, y que (esto) no es mentira».

Y cuando Matusalén hubo oído las palabras de su padre Enoc, porque le había mostrado todo en secreto, volvió y se las mostró (a Lamec) y llamó el nombre de ese hijo Noé; porque él consolará la Tierra después de toda la destrucción.

CVIII.

Otro libro que Enoc escribió para su hijo Matusalén y para los que vendrán después de él y guardarán la ley en los últimos días.

Vosotros que habéis hecho el bien, esperaréis esos días hasta que se acabe con los que hacen el mal, y se acabe el poderío de los transgresores.

Y esperad en verdad hasta que el pecado haya pasado, porque sus nombres serán borrados del libro de la vida y de los libros sagrados, y su simiente será destruida para siempre, y sus espíritus serán muertos, y llorarán y harán lamentación en un lugar que es un desierto caótico, y en el fuego se quemarán; porque no hay Tierra allí.

Y vi allí algo como una nube invisible; porque a causa de su profundidad no podía mirar por encima, y vi una llama de fuego ardiendo brillantemente, y cosas como montañas brillantes dando vueltas y barriendo de un lado a otro.

Y pregunté a uno de los santos ángeles que estaba conmigo y le dije: «¿Qué es esta cosa brillante? porque no es un cielo, sino solo la llama de un fuego abrasador, y la voz de llanto y lamento y dolor fuerte»:

Y él me dijo: «Este lugar que ves, aquí se arrojan los espíritus de los pecadores y blasfemos, y de los que hacen iniquidad, y de los que pervierten todo lo que el Señor ha dicho por boca de los profetas (incluso) las cosas que serán.

Porque algunas de ellas están escritas e inscritas arriba en el Cielo, para que los ángeles las lean y sepan lo que ha de acontecer a los pecadores, y a los espíritus de los humildes, y de los que han afligido sus cuerpos, y han sido recompensados por Dios; y de los que han sido avergonzados por los malvados: que aman a Dios y no aman el oro ni la plata ni ninguna de las cosas buenas que hay en el mundo, sino que entregan sus cuerpos al tormento. Quienes, desde que nacieron, no desearon el alimento terrenal, sino que consideraron todo como un soplo pasajero, y vivieron en consecuencia, y el Señor los probó mucho, y sus espíritus se encontraron puros para que bendijeran su nombre.

Y todas las bendiciones destinadas a ellos las he contado en los libros. Y les ha asignado su recompensa, porque han resultado ser tales que aman el Cielo más que su vida en el mundo, y aunque fueron pisoteados por los hombres inicuos, y experimentaron abusos e injurias de ellos y fueron avergonzados, sin embargo, me bendijeron.

Y ahora llamaré a los espíritus de los buenos que pertenecen a la generación de la luz, y transformaré a los que nacieron en las tinieblas, que en la carne no fueron recompensados con el honor que merecía su fidelidad. Y sacaré en luz resplandeciente a aquellos que han amado mi santo nombre, y sentaré a cada uno en el trono de su honor.

Y serán resplandecientes por tiempos sin número, porque la justicia es el juicio de Dios; porque a los fieles dará fidelidad en la morada de sendas rectas.

Y verán a los que nacieron en la oscuridad llevados a la oscuridad, mientras que los justos serán resplandecientes.

Y los pecadores gritarán en voz alta y los verán resplandecientes, y ciertamente irán donde los días y las estaciones están prescritos para ellos.